　平成 30 年 3 月に告示された高等学校学習指導要領が，令和 4 年度から年次進行で本格的に実施されます。

　今回の学習指導要領では，各教科等の目標及び内容が，育成を目指す資質・能力の三つの柱（「知識及び技能」，「思考力，判断力，表現力等」，「学びに向かう力，人間性等」）に沿って再整理され，各教科等でどのような資質・能力の育成を目指すのかが明確化されました。これにより，教師が「子供たちにどのような力が身に付いたか」という学習の成果を的確に捉え，主体的・対話的で深い学びの視点からの授業改善を図る，いわゆる「指導と評価の一体化」が実現されやすくなることが期待されます。

　また，子供たちや学校，地域の実態を適切に把握した上で教育課程を編成し，学校全体で教育活動の質の向上を図る「カリキュラム・マネジメント」についても明文化されました。カリキュラム・マネジメントの一側面として，「教育課程の実施状況を評価してその改善を図っていくこと」がありますが，このためには，教育課程を編成・実施し，学習評価を行い，学習評価を基に教育課程の改善・充実を図るというPDCAサイクルを確立することが重要です。このことも，まさに「指導と評価の一体化」のための取組と言えます。

　このように，「指導と評価の一体化」の必要性は，今回の学習指導要領において，より一層明確なものとなりました。そこで，国立教育政策研究所教育課程研究センターでは，「幼稚園，小学校，中学校，高等学校及び特別支援学校の学習指導要領等の改善及び必要な方策等について（答申）」（平成 28 年 12 月 21 日中央教育審議会）をはじめ，「児童生徒の学習評価の在り方について（報告）」（平成 31 年 1 月 21 日中央教育審議会初等中等教育分科会教育課程部会）や「小学校，中学校，高等学校及び特別支援学校等における児童生徒の学習評価及び指導要録の改善等について」（平成 31 年 3 月 29 日付初等中等教育局長通知）を踏まえ，令和 2 年 3 月に公表した小・中学校版に続き，高等学校版の「『指導と評価の一体化』のための学習評価に関する参考資料」を作成しました。

　本資料では，学習評価の基本的な考え方や，各教科等における評価規準の作成及び評価の実施等について解説しているほか，各教科等別に単元や題材に基づく学習評価について事例を紹介しています。各学校においては，本資料や各教育委員会等が示す学習評価に関する資料などを参考としながら，学習評価を含むカリキュラム・マネジメントを円滑に進めていただくことで，「指導と評価の一体化」を実現し，子供たちに未来の創り手となるために必要な資質・能力が育まれることを期待します。

　最後に，本資料の作成に御協力くださった方々に心から感謝の意を表します。

　令和 3 年 8 月

　　　　　　　　　　　　　　　　　　　　　　国立教育政策研究所
　　　　　　　　　　　　　　　　　　　　　　教育課程研究センター長
　　　　　　　　　　　　　　　　　　　　　　　　鈴　木　敏　之

スライド1

学習評価とは？

学習評価：学校での教育活動に関し、生徒の学習状況を評価するもの

学習評価を通して
- 教師が指導の改善を図る
- 生徒が自らの学習を振り返って次の学習に向かうことができるようにする

⇒評価を教育課程の改善に役立てる

スライド2

学習評価の基本的な考え方　　1. 学習評価について指摘されている課題

学習評価の現状について、学校や教師の状況によっては、以下のような課題があることが指摘されている。

- 学期末や学年末などの事後での評価に終始してしまうことが多く、評価の結果が児童生徒の具体的な学習改善につながっていない
- 現行の「関心・意欲・態度」の観点について、挙手の回数や毎時間ノートをとっているかなど、性格や行動面の傾向が一時的に表出された場面を捉える評価であるような誤解が払拭しきれていない
- 教師によって評価の方針が異なり、学習改善につなげにくい
- 教師が評価のための「記録」に労力を割かれて、指導に注力できない
- 相当な労力をかけて記述した指導要録が、次の学年や学校段階において十分に活用されていない

（中央教育審議会初等中等教育分科会教育課程部会児童生徒の学習評価に関するワーキンググループ 7回における審議等の三 等学校三年生の意見より）

生徒の意見

先生によって親みの重みが違うんです。授業態度をとても重視する先生もいるし、テストだけで判断する先生もいる。どうすればいいのか本当に分かりにくいんです。

スライド3

1. 学習評価の基本的な考え方

カリキュラム・マネジメントの一環としての指導と評価
「主体的・対話的で深い学び」の視点からの授業改善と評価

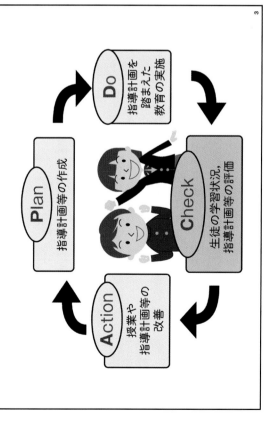

スライド4

2. 学習評価の基本構造　　平成30年告示の学習指導要領における目標の構成

各教科等の「目標」「内容」の記述を、「知識及び技能」「思考力、判断力、表現力等」「学びに向かう力、人間性等」の資質・能力の3つの柱で再整理。

平成21年告示高等学校学習指導要領

国語　第1款　目標
国語を適切に表現し的確に理解する能力を育成し、伝え合う力を高めるとともに、思考力や想像力を伸ばし、心情を豊かにし、言語感覚を磨き、言語文化に対する関心を深め、国語を尊重してその向上を図る態度を育てる。

例えば、国語科では、
思考力や想像力を高めるとともに、言語文化に対する関心を深め、国語を国語で的確に理解し効果的に表現することができる

平成30年告示高等学校学習指導要領

国語　第1款　目標
言葉による見方・考え方を働かせ、言語活動を通して、国語で的確に理解し適切に表現する資質・能力を次のとおり育成することを目指す。
(1)生涯にわたる社会生活に必要な国語について、その特質を理解し適切に使うことができるようにする。【知識及び技能】
(2)生涯にわたる社会生活における他者との関わりの中で伝え合う力を高め、思考力や想像力を伸ばす。【思考力、判断力、表現力等】
(3)言葉のもつ価値への認識を深めるとともに、言語感覚を磨き、我が国の言語文化の担い手としての自覚をもち、生涯にわたり国語を尊重してその能力の向上を図る態度を養う。【学びに向かう力、人間性等】

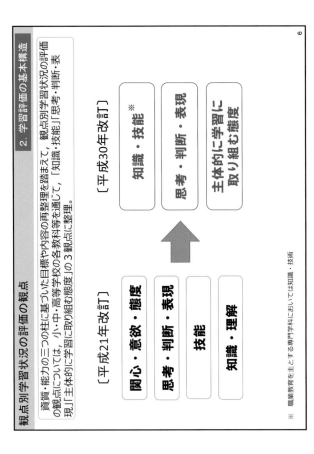

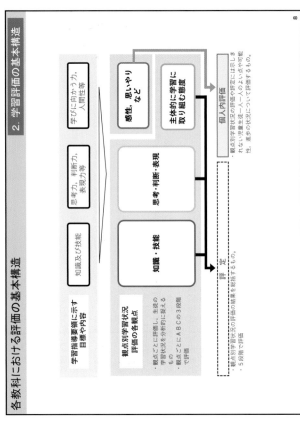

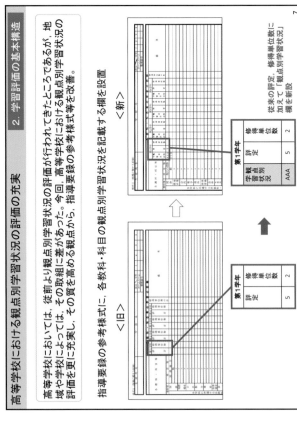

次のような工夫が考えられる

● 授業において
　それぞれの教科等の特質に応じ、観察・実験をしたり、式やグラフで表現したりするなど学習した知識や技能を用いる場面を設け評価

● ペーパーテストにおいて
　事実的な知識の習得を問う問題と知識の概念的な理解を問う問題とのバランスに配慮して出題し評価

次のような工夫が考えられる

● ペーパーテストにおいて、出題の仕方を工夫して評価

● 論述やレポートを課して評価

● 発表やグループでの話合いなどの場面で評価

● 作品の制作などにおいて多様な表現活動を設け、ポートフォリオを活用して出題して評価

学びに向かう力、人間性等

① 観点別学習状況の評価になじまない部分（感性、思いやり等）

⑦ 「主体的に学習に取り組む態度」として観点別学習状況の評価を通じて見取ることができる部分

個人内評価（生徒一人一人のよい点や可能性、進歩の状況について評価するもの）等を通じて見取る。

※ 特に感性や思いやりなど生徒一人一人のよい点や可能性、進歩の状況などについては、積極的に評価し生徒に伝えることが重要。

知識及び技能を獲得したり、思考力、判断力、表現力等を身に付けたりすることに向けた粘り強い取組の中で、自らの学習を調整しようとしているかどうかを含めて評価する。

「学びに向かう力、人間性等」には、⑦「主体的に学習に取り組む態度」として観点別学習状況の評価を通じて見取ることができる部分と、①観点別学習状況の評価や評定にはなじまない部分がある。

「主体的に学習に取り組む態度」の評価のイメージ

○「主体的に学習に取り組む態度」の評価については、①知識及び技能を獲得したり、思考力、判断力、表現力等を身に付けたりすることに向けた粘り強い取組を行おうとする側面と、②の粘り強い取組を行う中で、自らの学習を調整しようとする側面、という二つの側面から評価することが求められる。

○これら①②の姿は実際の教科等の学びの中では別々ではなく相互に関わり合いながら立ち現れるものと考えられる。例えば、自らの学習を全く調整しようとせず粘り強く取り組み続ける姿や、粘り強さが全くない中で自らの学習を調整する姿は一般的ではない。

「おおむね満足できる」状況(B)
「十分満足できる」状況(A)
「努力を要する」状況(C)
② 自らの学習を調整しようとする側面
① 粘り強い取組を行おうとする側面

「主体的に学習に取り組む態度」については、①知識及び技能を獲得したり、思考力、判断力、表現力等を身に付けたりすることに向けた粘り強い取組の中で、②自らの学習を調整しようとしているかどうかを含めて評価する。

観点別評価の進め方

「内容のまとまり」ごとの評価規準を作成する → 単元（題材）の目標を作成する → 単元（題材）の評価規準を作成する

指導と評価の計画を立てる → 授業（指導と評価）を行う → 評価の総括を行う

> 総括に用いる評価の記録については、場面を精選する

※ 職業教育を主とする専門学科においては、学習指導要領の規定から、「（指導項目）ごとの評価規準」とする。

14

教師の勤務負担軽減を図りながら学習評価の妥当性や信頼性が高められるよう、

学校全体としての組織的かつ計画的な取組を行うことが重要。

学校全体としての組織的かつ計画的な取組

※例えば以下の取組が考えられる。

・教師同士での評価規準や評価方法の検討、共有
・実践事例の蓄積・共有
・評価結果の検討等を通じた教師の力量の向上
・校内組織（学年会や教科部会等）の活用

16

●「自らの学習を調整しようとする側面」について

自らの学習状況を振り返って把握し、学習の進め方について試行錯誤する（微調整を繰り返す）などの意思的な側面

指導において次のような工夫も大切

■ 生徒が自らの理解状況を振り返ることができるような発問を工夫したり指示したりする

■ 内容のまとまりの中で、話し合ったり他の生徒との協働を通じて自らの考えを相対化するような場面を設ける

◎ここでの評価は、生徒の学習が適切に行われているかどうかを必ずしも判断するものではない。学習の調整が適切に行われていない場合には、教師の指導が求められる。

13

評価の方針等の生徒との共有

学習評価の妥当性や信頼性を高めるとともに、生徒自身に学習の見通しをもたせるため、学習評価の方針を事前に生徒に共有する場面を必要に応じて設ける。

観点別学習状況の評価を行う場面の精選

観点別学習状況の評価に係る記録は、毎回の授業ではなく、単元や題材などの内容や時間のまとまりごとに行うことにするなど、評価場面を精選する。
※日々の授業における生徒の学習状況を適宜把握して指導の改善に生かすことに重点を置くことが重要。

外部試験や検定等の学習評価への利用

外部試験や検定等（高校生のための学びの基礎診断の認定を受けた測定ツールなど）の結果を、指導や評価の改善につなげることも重要。
※外部試験や検定等は、学習指導要領の目標に準拠したものでない場合や内容を網羅的に扱うものでない場合があることから、教師が行う学習評価の補完材料である（外部試験等の結果そのものをもって教師の評価に代えることは適切ではない）ことに十分留意が必要であること。

15

目次

　　※本冊子については，改訂後の常用漢字表（平成 22 年 11 月 30 日内閣告示）に基づいて表記してい
　　　ます（学習指導要領及び初等中等教育局長通知等の引用部分を除く)。

〔巻頭資料（スライド）について〕

　巻頭資料（スライド）は，学習評価に関する基本事項を簡潔にまとめたものです。巻頭資料の記載に目を通し概略を把握することで，本編の内容を読み進める上での一助となることや，各自治体や各学校における研修等で使用する資料の参考となることを想定しています。記載内容は最小限の情報になっているので，詳細については，本編を御参照ください。

第1編

総説

第1編　総説

本編においては，以下の資料について，それぞれ略称を用いることとする。

答申：「幼稚園，小学校，中学校，高等学校及び特別支援学校の学習指導要領等の改善
　　　及び必要な方策等について（答申）」　平成28年12月21日　中央教育審議会
報告：「児童生徒の学習評価の在り方について（報告）」　平成31年1月21日　中央教
　　　育審議会　初等中等教育分科会　教育課程部会
改善等通知：「小学校，中学校，高等学校及び特別支援学校等における児童生徒の学習
　　　評価及び指導要録の改善等について（通知）」　平成31年3月29日　初等中等
　　　教育局長通知

第1章　平成30年の高等学校学習指導要領改訂を踏まえた学習評価の改善

1　はじめに

　学習評価は，学校における教育活動に関し，生徒の学習状況を評価するものである。答申にもあるとおり，生徒の学習状況を的確に捉え，教師が指導の改善を図るとともに，生徒が自らの学びを振り返って次の学びに向かうことができるようにするためには，学習評価の在り方が極めて重要である。

　各教科等の評価については，「観点別学習状況の評価」と「評定」が学習指導要領に定める目標に準拠した評価として実施するものとされている[1]。観点別学習状況の評価とは，学校における生徒の学習状況を，複数の観点から，それぞれの観点ごとに分析的に捉える評価のことである。生徒が各教科等での学習において，どの観点で望ましい学習状況が認められ，どの観点に課題が認められるかを明らかにすることにより，具体的な指導や学習の改善に生かすことを可能とするものである。各学校において目標に準拠した観点別学習状況の評価を行うに当たっては，観点ごとに評価規準を定める必要がある。評価規準とは，観点別学習状況の評価を的確に行うため，学習指導要領に示す目標の実現の状況を判断するよりどころを表現したものである。本参考資料は，観点別学習状況の評価を実施する際に必要となる評価規準等，学習評価を行うに当たって参考となる情報をまとめたものである。

　以下，文部省指導資料から，評価規準について解説した部分を参考として引用する。

---

[1] 各教科の評価については，観点別学習状況の評価と，これらを総括的に捉える「評定」の両方について実施するものとされており，観点別学習状況の評価や評定には示しきれない生徒の一人一人のよい点や可能性，進歩の状況については，「個人内評価」として実施するものとされている（P.6～11に後述）。

（参考）評価規準の設定（抄）

（文部省「小学校教育課程一般指導資料」（平成5年9月）より）

　新しい指導要録（平成3年改訂）では，観点別学習状況の評価が効果的に行われるようにするために，「各観点ごとに学年ごとの評価規準を設定するなどの工夫を行うこと」と示されています。

　これまでの指導要録においても，観点別学習状況の評価を適切に行うため，「観点の趣旨を学年別に具体化することなどについて工夫を加えることが望ましいこと」とされており，教育委員会や学校では目標の達成の度合いを判断するための基準や尺度などの設定について研究が行われてきました。

　しかし，それらは，ともすれば知識・理解の評価が中心になりがちであり，また「目標を十分達成（＋）」，「目標をおおむね達成（空欄）」及び「達成が不十分（－）」ごとに詳細にわたって設定され，結果としてそれを単に数量的に処理することに陥りがちであったとの指摘がありました。

　今回の改訂においては，学習指導要領が目指す学力観に立った教育の実践に役立つようにすることを改訂方針の一つとして掲げ，各教科の目標に照らしてその実現の状況を評価する観点別学習状況を各教科の学習の評価の基本に据えることとしました。したがって，評価の観点についても，学習指導要領に示す目標との関連を密にして設けられています。

　このように，学習指導要領が目指す学力観に立つ教育と指導要録における評価とは一体のものであるとの考え方に立って，各教科の目標の実現の状況を「関心・意欲・態度」，「思考・判断・表現」，「技能・表現（または技能）」及び「知識・理解」の観点ごとに適切に評価するため，「評価規準を設定する」ことを明確に示しているものです。

　「評価規準」という用語については，先に述べたように，新しい学力観に立って子供たちが自ら獲得し身に付けた資質や能力の質的な面，すなわち，学習指導要領の目標に基づく幅のある資質や能力の育成の実現状況の評価を目指すという意味から用いたものです。

2　平成30年の高等学校学習指導要領改訂を踏まえた学習評価の意義
（1）学習評価の充実

　平成30年に改訂された高等学校学習指導要領総則においては，学習評価の充実について新たに項目が置かれている。具体的には，学習評価の目的等について以下のように示し，単元や題材など内容や時間のまとまりを見通しながら，生徒の主体的・対話的で深い学びの実現に向けた授業改善を行うと同時に，評価の場面や方法を工夫して，学習の過程や成果を評価することを示し，授業の改善と評価の改善を両輪として行っていくことの必要性が明示されている。

- 生徒のよい点や進歩の状況などを積極的に評価し，学習したことの意義や価値を実感できるようにすること。また，各教科・科目等の目標の実現に向けた学習状況を把握する観点から，単元や題材など内容や時間のまとまりを見通しながら評価の場面や方法を工夫して，学習の過程や成果を評価し，指導の改善や学習意欲の向上を図り，資質・能力の育成に生かすようにすること。
- 創意工夫の中で学習評価の妥当性や信頼性が高められるよう，組織的かつ計画的な取組を推進するとともに，学年や学校段階を越えて生徒の学習の成果が円滑に接続されるように工夫すること。

（高等学校学習指導要領 第1章 総則 第3款 教育課程の実施と学習評価 2 学習評価の充実）

　報告では現状の学習評価の課題として，学校や教師の状況によっては，学期末や学年末などの事後での評価に終始してしまうことが多く，評価の結果が生徒の具体的な学習改善につながっていないなどの指摘があるとしている。このため，学習評価の充実に当たっては，いわゆる評価のための評価に終わることのないよう指導と評価の一体化を図り，学習の成果だけでなく，学習の過程を一層重視し，生徒が自分自身の目標や課題をもって学習を進めていけるように評価を行うことが大切である。

　また，報告においては，教師によって学習評価の方針が異なり，生徒が学習改善につなげにくいといった現状の課題も指摘されている。平成29年度文部科学省委託調査「学習指導と学習評価に対する意識調査」（以下「平成29年度文科省意識調査」）では，学習評価への取組状況について，「A：校内で評価方法や評価規準を共有したり，授業研究を行ったりして，学習評価の改善に，学校全体で取り組んでいる」「B：評価規準の改善，評価方法の研究などは，教員個人に任されている」の二つのうちどちらに近いか尋ねたところ，高等学校では「B」又は「どちらかと言うとB」が約55％を占めている。このような現状を踏まえ，特に高等学校においては，学習評価の妥当性や信頼性を高め，授業改善や組織運営の改善に向けた学校教育全体の取組に位置付ける観点から，組織的かつ計画的に取り組むようにすることが必要である。

（2）カリキュラム・マネジメントの一環としての指導と評価

　各学校における教育活動の多くは，学習指導要領等に従い生徒や地域の実態を踏まえて編成された教育課程の下，指導計画に基づく授業（学習指導）として展開される。各学校では，生徒の学習状況を評価し，その結果を生徒の学習や教師による指導の改善や学校全体としての教育課程の改善等に生かし，学校全体として組織的かつ計画的に教育活動の質の向上を図っていくことが必要である。このように，「学習指導」と「学習評価」は学校の教育活動の根幹に当たり，教育課程に基づいて組織的かつ計画的に教育活動の質の向上を図る「カリキュラム・マネジメント」の中核的な役割を担っているのである。

（3） 主体的・対話的で深い学びの視点からの授業改善と評価

　　指導と評価の一体化を図るためには，生徒一人一人の学習の成立を促すための評価という視点を一層重視し，教師が自らの指導のねらいに応じて授業での生徒の学びを振り返り，学習や指導の改善に生かしていくことが大切である。すなわち，平成30年に改訂された高等学校学習指導要領で重視している「主体的・対話的で深い学び」の視点からの授業改善を通して各教科等における資質・能力を確実に育成する上で，学習評価は重要な役割を担っている。

（4） 学習評価の改善の基本的な方向性

　　（1）～（3）で述べたとおり，学習指導要領改訂の趣旨を実現するためには，学習評価の在り方が極めて重要であり，すなわち，学習評価を真に意味のあるものとし，指導と評価の一体化を実現することがますます求められている。

　　このため，報告では，以下のように学習評価の改善の基本的な方向性が示された。

① 児童生徒の学習改善につながるものにしていくこと

② 教師の指導改善につながるものにしていくこと

③ これまで慣行として行われてきたことでも，必要性・妥当性が認められないものは見直していくこと

3　平成30年の高等学校学習指導要領改訂を受けた評価の観点の整理

　　平成30年改訂学習指導要領においては，知・徳・体にわたる「生きる力」を生徒に育むために「何のために学ぶのか」という各教科等を学ぶ意義を共有しながら，授業の創意工夫や教科書等の教材の改善を促すため，全ての教科・科目等の目標及び内容を「知識及び技能」，「思考力，判断力，表現力等」，「学びに向かう力，人間性等」の育成を目指す資質・能力の三つの柱で再整理した（図1参照）。知・徳・体のバランスのとれた「生きる力」を育むことを目指すに当たっては，各教科・科目等の指導を通してどのような資質・能力の育成を目指すのかを明確にしながら教育活動の充実を図ること，その際には，生徒の発達の段階や特性を踏まえ，三つの柱に沿った資質・能力の育成がバランスよく実現できるよう留意する必要がある。

図1

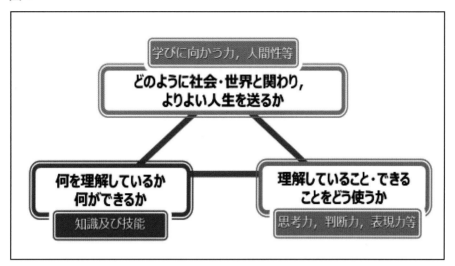

　観点別学習状況の評価については，こうした教育目標や内容の再整理を踏まえて，小・中・高等学校の各教科を通じて，4観点から3観点に整理された（図2参照）。

図2

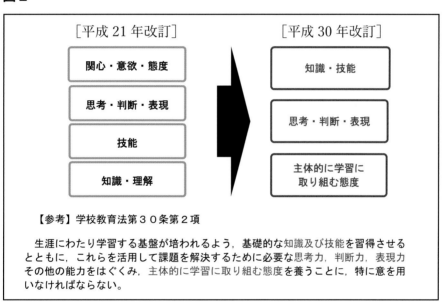

4　平成30年の高等学校学習指導要領改訂における各教科・科目の学習評価

　各教科・科目の学習評価においては，平成30年改訂においても，学習状況を分析的に捉える「観点別学習状況の評価」と，これらを総括的に捉える「評定」の両方について，学習指導要領に定める目標に準拠した評価として実施するものとされた。

　同時に，答申では「観点別学習状況の評価」について，高等学校では，知識量のみを問うペーパーテストの結果や，特定の活動の結果などのみに偏重した評価が行われているのではないかとの懸念も示されており，指導要録の様式の改善などを通じて評価の観点を明確にし，観点別学習状況の評価を更に普及させていく必要があるとされた。報告ではこの点について，以下のとおり示されている。

【高等学校における観点別学習状況の評価の扱いについて】

○　高等学校においては，従前より観点別学習状況の評価が行われてきたところであるが，地域や学校によっては，その取組に差があり，形骸化している場合があるとの指摘もある。「平成29年度文科省意識調査」では，高等学校が指導要録に観点別学習状況の評価を記録している割合は，13.3%にとどまる。そのため，高等学校における観点別学習状況の評価を更に充実し，その質を高める観点から，今後国が発出する学習評価及び指導要録の改善等に係る通知の「高等学校及び特別支援学校高等部の指導要録に記載する事項等」において，観点別学習状況の評価に係る説明を充実するとともに，指導要録の参考様式に記載欄を設けることとする。

これを踏まえ，改善等通知においては，高等学校生徒指導要録に新たに観点別学習状況の評価の記載欄を設けることとした上で，以下のように示されている。

【高等学校生徒指導要録】（学習指導要領に示す各教科・科目の取扱いは次のとおり）

［各教科・科目の学習の記録］

Ⅰ　観点別学習状況

　学習指導要領に示す各教科・科目の目標に基づき，学校が生徒や地域の実態に即して定めた当該教科・科目の目標や内容に照らして，その実現状況を観点ごとに評価し記入する。その際，

　　　「十分満足できる」状況と判断されるもの：A

　　　「おおむね満足できる」状況と判断されるもの：B

　　　「努力を要する」状況と判断されるもの：C

のように区別して評価を記入する。

Ⅱ　評定

　各教科・科目の評定は，学習指導要領に示す各教科・科目の目標に基づき，学校が生徒や地域の実態に即して定めた当該教科・科目の目標や内容に照らし，その実現状況を総括的に評価して，

　　　「十分満足できるもののうち，特に程度が高い」状況と判断されるもの：5

　　　「十分満足できる」状況と判断されるもの：4

　　　「おおむね満足できる」状況と判断されるもの：3

　　　「努力を要する」状況と判断されるもの：2

　　　「努力を要すると判断されるもののうち，特に程度が低い」状況と判断されるもの：1

のように区別して評価を記入する。

　評定は各教科・科目の学習の状況を総括的に評価するものであり，「観点別学習状況」において掲げられた観点は，分析的な評価を行うものとして，各教科・科目の評定を行う場合において基本的な要素となるものであることに十分留意する。その際，評定の適切な決定方法等については，各学校において定める。

　「平成29年度文科省意識調査」では，「観点別学習状況の評価は実践の蓄積があり，定着してきている」に対する「そう思う」又は「まあそう思う」との回答の割合は，小学校・中学校では80％を超えるのに対し，高等学校では約45％にとどまっている。このような現状を踏まえ，今後高等学校においては，観点別学習状況の評価を更に充実し，その質を高めることが求められている。

　また，観点別学習状況の評価や評定には示しきれない生徒一人一人のよい点や可能性，進歩の状況については，「個人内評価」として実施するものとされている。改善等通知においては，「観点別学習状況の評価になじまず個人内評価の対象となるものについては，児童生徒が学習したことの意義や価値を実感できるよう，日々の教育活動等の中で児童生徒に伝えることが重要であること。特に『学びに向かう力，人間性等』のうち『感性や思いやり』など児童生徒一人一人のよい点や可能性，進歩の状況などを積極的に評価し児童生徒に伝えることが重要であること。」と示されている。

　「3　平成30年の高等学校学習指導要領改訂を受けた評価の観点の整理」も踏まえて各教科における評価の基本構造を図示化すると，以下のようになる（図3参照）。

図3

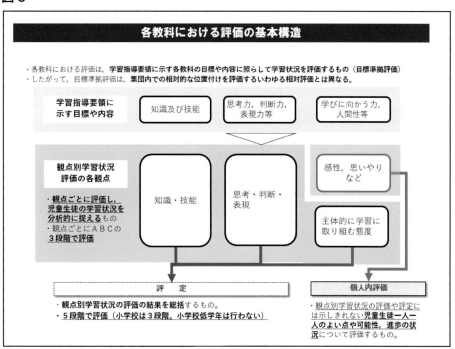

　上記の，「各教科における評価の基本構造」を踏まえた3観点の評価それぞれについての考え方は，以下の（1）〜（3）のとおりとなる。なお，この考え方は，総合的な探究の時間，特別活動においても同様に考えることができる。

（1）「知識・技能」の評価について

　「知識・技能」の評価は，各教科等における学習の過程を通した知識及び技能の習得状況について評価を行うとともに，それらを既有の知識及び技能と関連付けたり活用したりする中で，他の学習や生活の場面でも活用できる程度に概念等を理解したり，技能を習得したりしているかについても評価するものである。

　「知識・技能」におけるこのような考え方は，従前の「知識・理解」（各教科等において習得すべき知識や重要な概念等を理解しているかを評価），「技能」（各教科等において習得すべき技能を身に付けているかを評価）においても重視してきたものである。

　具体的な評価の方法としては，ペーパーテストにおいて，事実的な知識の習得を問う問題と，知識の概念的な理解を問う問題とのバランスに配慮するなどの工夫改善を図るとともに，例えば，生徒が文章による説明をしたり，各教科等の内容の特質に応じて，観察・実験したり，式やグラフで表現したりするなど，実際に知識や技能を用いる場面を設けるなど，多様な方法を適切に取り入れていくことが考えられる。

（2）「思考・判断・表現」の評価について

　「思考・判断・表現」の評価は，各教科等の知識及び技能を活用して課題を解決する等のために必要な思考力，判断力，表現力等を身に付けているかを評価するものである。

　「思考・判断・表現」におけるこのような考え方は，従前の「思考・判断・表現」の観点においても重視してきたものである。「思考・判断・表現」を評価するためには，教師は「主体的・対話的で深い学び」の視点からの授業改善をする中で，生徒が思考・判断・表現する場面を効果的に設計するなどした上で，指導・評価することが求められる。

　具体的な評価の方法としては，ペーパーテストのみならず，論述やレポートの作成，発表，グループでの話合い，作品の制作や表現等の多様な活動を取り入れたり，それらを集めたポートフォリオを活用したりするなど評価方法を工夫することが考えられる。

（3）「主体的に学習に取り組む態度」の評価について

　答申において「学びに向かう力，人間性等」には，①「主体的に学習に取り組む態度」として観点別学習状況の評価を通じて見取ることができる部分と，②観点別学習状況の評価や評定にはなじまず，こうした評価では示しきれないことから個人内評価を通じて見取る部分があることに留意する必要があるとされている。すなわち，②については観点別学習状況の評価の対象外とする必要がある。

　「主体的に学習に取り組む態度」の評価に際しては，単に継続的な行動や積極的な発言を行うなど，性格や行動面の傾向を評価するということではなく，各教科等の「主体的に学習に取り組む態度」に係る観点の趣旨に照らして，知識及び技能を習得したり，思考力，判断力，表現力等を身に付けたりするために，自らの学習状況を把握し，学習の進め方について試行錯誤するなど自らの学習を調整しながら，学ぼうとしているか

どうかという意思的な側面を評価することが重要である。

　従前の「関心・意欲・態度」の観点も，各教科等の学習内容に関心をもつことのみならず，よりよく学ぼうとする意欲をもって学習に取り組む態度を評価するという考え方に基づいたものであり，この点を「主体的に学習に取り組む態度」として改めて強調するものである。

　本観点に基づく評価は，「主体的に学習に取り組む態度」に係る各教科等の評価の観点の趣旨に照らして，

①　知識及び技能を獲得したり，思考力，判断力，表現力等を身に付けたりすることに
　　向けた粘り強い取組を行おうとしている側面

②　①の粘り強い取組を行う中で，自らの学習を調整しようとする側面

という二つの側面を評価することが求められる[2]（図4参照）。

　ここでの評価は，生徒の学習の調整が「適切に行われているか」を必ずしも判断するものではなく，学習の調整が知識及び技能の習得などに結び付いていない場合には，教師が学習の進め方を適切に指導することが求められる。

　具体的な評価の方法としては，ノートやレポート等における記述，授業中の発言，教師による行動観察や生徒による自己評価や相互評価等の状況を，教師が評価を行う際に考慮する材料の一つとして用いることなどが考えられる。

図4

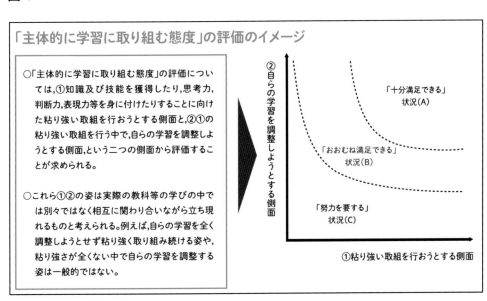

---

[2] これら①②の姿は実際の教科等の学びの中では別々ではなく相互に関わり合いながら立ち現れるものと考えられることから，実際の評価の場面においては，双方の側面を一体的に見取ることも想定される。例えば，自らの学習を全く調整しようとせず粘り強く取り組み続ける姿や，粘り強さが全くない中で自らの学習を調整する姿は一般的ではない。

なお，学習指導要領の「2　内容」に記載のない「主体的に学習に取り組む態度」の評価については，後述する第2章1（2）を参照のこと[3]。

5　改善等通知における総合的な探究の時間，特別活動の指導要録の記録

改善等通知においては，各教科の学習の記録とともに，以下の（1），（2）の各教科等の指導要録における学習の記録について以下のように示されている。

（1）総合的な探究の時間について

改善等通知別紙3には，「総合的な探究の時間の記録については，この時間に行った学習活動及び各学校が自ら定めた評価の観点を記入した上で，それらの観点のうち，生徒の学習状況に顕著な事項がある場合などにその特徴を記入する等，生徒にどのような力が身に付いたかを文章で端的に記述する」とされている。また，「評価の観点については，高等学校学習指導要領等に示す総合的な探究の時間の目標を踏まえ，各学校において具体的に定めた目標，内容に基づいて別紙5を参考に定める」とされている。

（2）特別活動について

改善等通知別紙3には，「特別活動の記録については，各学校が自ら定めた特別活動全体に係る評価の観点を記入した上で，各活動・学校行事ごとに，評価の観点に照らして十分満足できる活動の状況にあると判断される場合に，〇印を記入する」とされている。また，「評価の観点については，高等学校学習指導要領等に示す特別活動の目標を踏まえ，各学校において別紙5を参考に定める。その際，特別活動の特質や学校として重点化した内容を踏まえ，例えば『主体的に生活や人間関係をよりよくしようとする態度』などのように，より具体的に定めることも考えられる。記入に当たっては，特別活動の学習が学校やホームルームにおける集団活動や生活を対象に行われるという特質に留意する」とされている。

なお，特別活動は学級担任以外の教師が指導する活動もあることから，評価体制を確立し，共通理解を図って，生徒のよさや可能性を多面的・総合的に評価するとともに，確実に資質・能力が育成されるよう指導の改善に生かすことが求められる。

---

[3] 各教科等によって，評価の対象に特性があることに留意する必要がある。例えば，保健体育科の体育に関する科目においては，公正や協力などを，育成する「態度」として学習指導要領に位置付けており，各教科等の目標や内容に対応した学習評価が行われることとされている。

6 障害のある生徒の学習評価について

学習評価に関する基本的な考え方は，障害のある生徒の学習評価についても同様である。

障害のある生徒については，特別支援学校等の助言又は援助を活用しつつ，個々の生徒の障害の状態や特性及び心身の発達の段階に応じた指導内容や指導方法の工夫を行い，その評価を適切に行うことが必要である。また，指導内容や指導方法の工夫については，学習指導要領の各教科・科目の「指導計画の作成と内容の取扱い」の「指導計画作成上の配慮事項」の「障害のある生徒への配慮についての事項」についての学習指導要領解説も参考となる。

7 評価の方針等の生徒や保護者への共有について

学習評価の妥当性や信頼性を高めるとともに，生徒自身に学習の見通しをもたせるために，学習評価の方針を事前に生徒と共有する場面を必要に応じて設けることが求められており，生徒に評価の結果をフィードバックする際にも，どのような方針によって評価したのかを改めて生徒に共有することも重要である。

また，学習指導要領下での学習評価の在り方や基本方針等について，様々な機会を捉えて保護者と共通理解を図ることが非常に重要である。

第2章　学習評価の基本的な流れ

1　各学科に共通する各教科における評価規準の作成及び評価の実施等について

（1）目標と「評価の観点及びその趣旨」との対応関係について

　　　　評価規準の作成に当たっては，各学校の実態に応じて目標に準拠した評価を行うために，「評価の観点及びその趣旨[4]」が各教科の目標を踏まえて作成されていることを確認することが必要である[5]。また，教科の目標と「評価の観点及びその趣旨」との関係性を踏まえ，科目の目標に対する「評価の観点の趣旨」を作成することが必要である。

　　　　なお，「主体的に学習に取り組む態度」の観点は，教科・科目の目標の（3）に対応するものであるが，観点別学習状況の評価を通じて見取ることができる部分をその内容として整理し，示していることを確認することが必要である（図5，6参照）。

図5

【学習指導要領「教科の目標」】

学習指導要領　各教科の「第1款　目標」等

(1)	(2)	(3)
（知識及び技能に関する目標）	（思考力，判断力，表現力等に関する目標）	（学びに向かう力，人間性等に関する目標）[6]

【改善等通知　別紙5「評価の観点及びその趣旨」】

観点	知識・技能	思考・判断・表現	主体的に学習に取り組む態度
趣旨	（知識・技能の観点の趣旨）	（思考・判断・表現の観点の趣旨）	（主体的に学習に取り組む態度の観点の趣旨）

---

[4] 各教科等の学習指導要領の目標の規定を踏まえ，観点別学習状況の評価の対象とするものについて整理したものが教科等の観点の趣旨である。

[5] 芸術科においては，「第2款　各科目」における音楽Ⅰ～Ⅲ，美術Ⅰ～Ⅲ，工芸Ⅰ～Ⅲ，書道Ⅰ～Ⅲについて，それぞれ科目の目標を踏まえて「評価の観点及びその趣旨」が作成されている。

[6] 学びに向かう力，人間性等に関する目標には，個人内評価として実施するものも含まれている。

図6

【学習指導要領「科目の目標」】

学習指導要領　各教科の「第2款　各科目」における科目の目標

(1)	(2)	(3)
（知識及び技能に関する目標）	（思考力，判断力，表現力等に関する目標）	（学びに向かう力，人間性等に関する目標）[7]

観点	知識・技能	思考・判断・表現	主体的に学習に取り組む態度
趣旨	（知識・技能の観点の趣旨）	（思考・判断・表現の観点の趣旨）	（主体的に学習に取り組む態度の観点の趣旨）

科目の目標に対する「評価の観点の趣旨」は各学校等において作成する

（2）「内容のまとまりごとの評価規準」について

　本参考資料では，評価規準の作成等について示す。具体的には，第2編において学習指導要領の規定から「内容のまとまりごとの評価規準」を作成する際の手順を示している。ここでの「内容のまとまり」とは，学習指導要領に示す各教科等の「第2款　各科目」における各科目の「1　目標」及び「2　内容」の項目等をそのまとまりごとに細分化したり整理したりしたものである[8]。平成30年に改訂された高等学校学習指導要領においては資質・能力の三つの柱に基づく構造化が行われたところであり，各学科に共通する各教科においては，学習指導要領に示す各教科の「第2款 各科目」の「2　内容」

---

[7] 脚注6を参照

[8] 各教科等の学習指導要領の「第3款　各科目にわたる指導計画の作成と内容の取扱い」1(1)に「単元（題材）などの内容や時間のまとまり」という記載があるが，この「内容や時間のまとまり」と，本参考資料における「内容のまとまり」は同義ではないことに注意が必要である。前者は，主体的・対話的で深い学びを実現するため，主体的に学習に取り組めるよう学習の見通しを立てたり学習したことを振り返ったりして自身の学びや変容を自覚できる場面をどこに設定するか，対話によって自分の考えなどを広げたり深めたりする場面をどこに設定するか，学びの深まりをつくりだすために，生徒が考える場面と教師が教える場面をどのように組み立てるか，といった視点による授業改善は，1単位時間の授業ごとに考えるのではなく，単元や題材などの一定程度のまとまりごとに検討されるべきであることが示されたものである。後者（本参考資料における「内容のまとまり」）については，本文に述べるとおりである。

において[9]，「内容のまとまり」ごとに育成を目指す資質・能力が示されている。このため，「2　内容」の記載はそのまま学習指導の目標となりうるものである[10]。学習指導要領の目標に照らして観点別学習状況の評価を行うに当たり，生徒が資質・能力を身に付けた状況を表すために，「2　内容」の記載事項の文末を「〜すること」から「〜している」と変換したもの等を，本参考資料において「内容のまとまりごとの評価規準」と呼ぶこととする[11]。

ただし，「主体的に学習に取り組む態度」に関しては，特に，生徒の学習への継続的な取組を通して現れる性質を有すること等から[12]，「2　内容」に記載がない[13]。そのため，各科目の「1　目標」を参考にして作成した科目の目標に対する「評価の観点の趣旨」を踏まえつつ，必要に応じて，改善等通知別紙5に示された評価の観点の趣旨のうち「主体的に学習に取り組む態度」に関わる部分を用いて「内容のまとまりごとの評価規準」を作成する必要がある。

なお，各学校においては，「内容のまとまりごとの評価規準」の考え方を踏まえて，各学校の実態を考慮し，単元や題材の評価規準等，学習評価を行う際の評価規準を作成する。

---

[9] 外国語においては「第2款　各科目」の「1　目標」である。

[10] 「2　内容」において示されている指導事項等を整理することで「内容のまとまり」を構成している教科もある。この場合は，整理した資質・能力をもとに，構成された「内容のまとまり」に基づいて学習指導の目標を設定することとなる。また，目標や評価規準の設定は，教育課程を編成する主体である各学校が，学習指導要領に基づきつつ生徒や学校，地域の実情に応じて行うことが必要である。

[11] 各学科に共通する各教科第9節家庭については，学習指導要領の「第1款　目標」(2)及び「第2款　各科目」の「1　目標」(2)に思考力・判断力・表現力等の育成に係る学習過程が記載されているため，これらを踏まえて「内容のまとまりごとの評価規準」を作成する必要がある。

[12] 各教科等の特性によって単元や題材など内容や時間のまとまりはさまざまであることから，評価を行う際は，それぞれの実現状況が把握できる段階について検討が必要である。

[13] 各教科等によって，評価の対象に特性があることに留意する必要がある。例えば，保健体育科の体育に関する科目においては，公正や協力などを，育成する「態度」として学習指導要領に位置付けており，各教科等の目標や内容に対応した学習評価が行われることとされている。

（3）「内容のまとまりごとの評価規準」を作成する際の基本的な手順

　各教科における[14]，「内容のまとまりごとの評価規準」を作成する際の基本的な手順は以下のとおりである。

> 　学習指導要領に示された教科及び科目の目標を踏まえて，「評価の観点及びその趣旨」が作成されていることを理解した上で，
>
> ①　各教科における「内容のまとまり」と「評価の観点」との関係を確認する。
>
> ②　【観点ごとのポイント】を踏まえ，「内容のまとまりごとの評価規準」を作成する。

（4）評価の計画を立てることの重要性

　学習指導のねらいが生徒の学習状況として実現されたかについて，評価規準に照らして観察し，毎時間の授業で適宜指導を行うことは，育成を目指す資質・能力を生徒に育むためには不可欠である。その上で，評価規準に照らして，観点別学習状況の評価をするための記録を取ることになる。そのためには，いつ，どのような方法で，生徒について観点別学習状況を評価するための記録を取るのかについて，評価の計画を立てることが引き続き大切である。

　しかし，毎時間生徒全員について記録を取り，総括の資料とするために蓄積することは現実的ではないことからも，生徒全員の学習状況を記録に残す場面を精選し，かつ適切に評価するための評価の計画が一層重要になる。

（5）観点別学習状況の評価に係る記録の総括

　適切な評価の計画の下に得た，生徒の観点別学習状況の評価に係る記録の総括の時期としては，単元（題材）末，学期末，学年末等の節目が考えられる。

　総括を行う際，観点別学習状況の評価に係る記録が，観点ごとに複数ある場合は，例えば，次のような総括の方法が考えられる。

・　評価結果のＡ，Ｂ，Ｃの数を基に総括する場合

　何回か行った評価結果のＡ，Ｂ，Ｃの数が多いものが，その観点の学習の実施状況を最もよく表現しているとする考え方に立つ総括の方法である。例えば，3回評価を行った結果が「ＡＢＢ」ならばＢと総括することが考えられる。なお，「ＡＡＢＢ」の総括結果をＡとするかＢとするかなど，同数の場合や三つの記号が混在する場合の総括の仕方をあらかじめ各学校において決めておく必要がある。

---

[14] 芸術科においては，「第2款　各科目」における音楽Ⅰ～Ⅲ，美術Ⅰ～Ⅲ，工芸Ⅰ～Ⅲ，書道Ⅰ～Ⅲについて，必要に応じてそれぞれ「内容のまとまりごとの評価規準」を作成する。

・ 評価結果のＡ，Ｂ，Ｃを数値に置き換えて総括する場合

　何回か行った評価結果Ａ，Ｂ，Ｃを，例えばＡ＝3，Ｂ＝2，Ｃ＝1のように数値によって表し，合計したり平均したりする総括の方法である。例えば，総括の結果をＢとする範囲を［1.5≦平均値≦2.5］とすると，「ＡＢＢ」の平均値は，約2.3［（3＋2＋2）÷3］で総括の結果はＢとなる。

　なお，評価の各節目のうち特定の時点に重きを置いて評価を行うこともできるが，その際平均値による方法等以外についても様々な総括の方法が考えられる。

（6）観点別学習状況の評価の評定への総括

　評定は，各教科の観点別学習状況の評価を総括した数値を示すものである。評定は，生徒がどの教科の学習に望ましい学習状況が認められ，どの教科の学習に課題が認められるのかを明らかにすることにより，教育課程全体を見渡した学習状況の把握と指導や学習の改善に生かすことを可能とするものである。

　評定への総括は，学期末や学年末などに行われることが多い。学年末に評定へ総括する場合には，学期末に総括した評定の結果を基にする場合と，学年末に観点ごとに総括した結果を基にする場合が考えられる。

　観点別学習状況の評価の評定への総括は，各観点の評価結果をＡ，Ｂ，Ｃの組合せ，又は，Ａ，Ｂ，Ｃを数値で表したものに基づいて総括し，その結果を5段階で表す。

　Ａ，Ｂ，Ｃの組合せから評定に総括する場合，「ＢＢＢ」であれば3を基本としつつ，「ＡＡＡ」であれば5又は4，「ＣＣＣ」であれば2又は1とするのが適当であると考えられる。それ以外の場合は，各観点のＡ，Ｂ，Ｃの数の組合せから適切に評定することができるようあらかじめ各学校において決めておく必要がある。

　なお，観点別学習状況の評価結果は，「十分満足できる」状況と判断されるものをＡ，「おおむね満足できる」状況と判断されるものをＢ，「努力を要する」状況と判断されるものをＣのように表されるが，そこで表された学習の実現状況には幅があるため，機械的に評定を算出することは適当ではない場合も予想される。

　また，評定は，高等学校学習指導要領等に示す各教科・科目の目標に照らして，その実現状況を「十分満足できるもののうち，特に程度が高い」状況と判断されるものを5，「十分満足できる」状況と判断されるものを4，「おおむね満足できる」状況と判断されるものを3，「努力を要する」状況と判断されるものを2，「努力を要すると判断されるもののうち，特に程度が低い」状況と判断されるものを1（単位不認定）という数値で表される。しかし，この数値を生徒の学習状況について五つに分類したものとして捉えるのではなく，常にこの結果の背後にある生徒の具体的な学習の実現状況を思い描き，適切に捉えることが大切である。評定への総括に当たっては，このようなことも十分に検討する必要がある[15]。また，各学校では観点別学習状況の評価の観点ごとの総括

---

[15] 改善等通知では，「評定は各教科の学習の状況を総括的に評価するものであり，『観点別

及び評定への総括の考え方や方法について，教師間で共通理解を図り，生徒及び保護者に十分説明し理解を得ることが大切である。

2 主として専門学科（職業教育を主とする専門学科）において開設される各教科における評価規準の作成及び評価の実施等について

（1）目標と「評価の観点及びその趣旨」との対応関係について

　　評価規準の作成に当たっては，各学校の実態に応じて目標に準拠した評価を行うために，「評価の観点及びその趣旨」が各教科の目標を踏まえて作成されていることを確認することが必要である。また，教科の目標と「評価の観点及びその趣旨」との関係性を踏まえ，科目の目標に対する「評価の観点の趣旨」を作成することが必要である。

　　なお，「主体的に学習に取り組む態度」の観点は，教科・科目の目標の（3）に対応するものであるが，観点別学習状況の評価を通じて見取ることができる部分をその内容として整理し，示していることを確認することが必要である（図7，8参照）。

図7

【学習指導要領「教科の目標」】

学習指導要領　各教科の「第1款　目標」

(1)	(2)	(3)
（知識及び技術に関する目標）	（思考力，判断力，表現力等に関する目標）	（学びに向かう力，人間性等に関する目標）[16]

【改善等通知　別紙5「評価の観点及びその趣旨」】

観点	知識・技術	思考・判断・表現	主体的に学習に取り組む態度
趣旨	（知識・技術の観点の趣旨）	（思考・判断・表現の観点の趣旨）	（主体的に学習に取り組む態度の観点の趣旨）

学習状況』において掲げられた観点は，分析的な評価を行うものとして，各教科の評定を行う場合において基本的な要素となるものであることに十分留意する。その際，評定の適切な決定方法等については，各学校において定める。」と示されている（P.8参照）。

[16] 脚注6を参照

図8

【学習指導要領「科目の目標」】

学習指導要領　各教科の「第2款　各科目」における科目の目標

	(1)	(2)	(3)
	（知識及び技術に関する目標）	（思考力，判断力，表現力等に関する目標）	（学びに向かう力，人間性等に関する目標）[17]

観点	知識・技術	思考・判断・表現	主体的に学習に取り組む態度
趣旨	（知識・技術の観点の趣旨）	（思考・判断・表現の観点の趣旨）	（主体的に学習に取り組む態度の観点の趣旨）
	科目の目標に対する「評価の観点の趣旨」は各学校等において作成する		

（2）職業教育を主とする専門学科において開設される「〔指導項目〕ごとの評価規準」について

　職業教育を主とする専門学科においては，学習指導要領の規定から「〔指導項目〕ごとの評価規準」を作成する際の手順を示している。

　平成30年に改訂された高等学校学習指導要領においては資質・能力の三つの柱に基づく構造化が行われたところであり，職業教育を主とする専門学科においては，学習指導要領解説に示す各科目の「第2　内容とその取扱い」の「2　内容」の各〔指導項目〕において，育成を目指す資質・能力が示されている。このため，「2　内容　〔指導項目〕」の記載はそのまま学習指導の目標となりうるものである。学習指導要領及び学習指導要領解説の目標に照らして観点別学習状況の評価を行うに当たり，生徒が資質・能力を身に付けた状況を表すために，「2　内容　〔指導項目〕」の記載事項の文末を「～すること」から「～している」と変換したもの等を，本参考資料において「〔指導項目〕ごとの評価規準」と呼ぶこととする。

　なお，職業教育を主とする専門学科については，「2　内容　〔指導項目〕」に「学びに向かう力・人間性」に係る項目が存在する。この「学びに向かう力・人間性」に係る項目から，観点別学習状況の評価になじまない部分等を除くことで「主体的に学習に取り組む態度」の「〔指導項目〕ごとの評価規準」を作成することができる。

　これらを踏まえ，職業教育を主とする専門学科においては，各科目における「内容のまとまり」を〔指導項目〕に置き換えて記載することとする。

---

[17] 脚注6を参照

　各学校においては，「〔指導項目〕ごとの評価規準」の考え方を踏まえて，各学校の実態を考慮し，単元の評価規準等，学習評価を行う際の評価規準を作成する。

（3）「〔指導項目〕ごとの評価規準」を作成する際の基本的な手順

　職業教育を主とする専門学科における，「〔指導項目〕ごとの評価規準」を作成する際の基本的な手順は以下のとおりである。

> 　学習指導要領に示された教科及び科目の目標を踏まえて，「評価の観点及びその趣旨」が作成されていることを理解した上で，
>
> ①　各科目における〔指導項目〕と「評価の観点」との関係を確認する。
>
> ②　【観点ごとのポイント】を踏まえ，「〔指導項目〕ごとの評価規準」を作成する。

3　総合的な探究の時間における評価規準の作成及び評価の実施等について
（1）総合的な探究の時間の「評価の観点」について

　平成30年に改訂された高等学校学習指導要領では，各教科等の目標や内容を「知識及び技能」，「思考力，判断力，表現力等」，「学びに向かう力，人間性等」の資質・能力の三つの柱で再整理しているが，このことは総合的な探究の時間においても同様である。

　総合的な探究の時間においては，学習指導要領が定める目標を踏まえて各学校が目標や内容を設定するという総合的な探究の時間の特質から，各学校が観点を設定するという枠組みが維持されている。一方で，各学校が目標や内容を定める際には，学習指導要領において示された以下について考慮する必要がある。

> 【各学校において定める目標】
> ・　各学校において定める目標については，各学校における教育目標を踏まえ，総合的な探究の時間を通して育成を目指す資質・能力を示すこと。　（第2の3(1)）

　総合的な探究の時間を通して育成を目指す資質・能力を示すとは，各学校における教育目標を踏まえて，各学校において定める目標の中に，この時間を通して育成を目指す資質・能力を，三つの柱に即して具体的に示すということである。

> 【各学校において定める内容】
> ・　探究課題の解決を通して育成を目指す具体的な資質・能力については，次の事項に配慮すること。
> ア　知識及び技能については，他教科等及び総合的な探究の時間で習得する知識及び技能が相互に関連付けられ，社会の中で生きて働くものとして形成されるようにすること。
> イ　思考力，判断力，表現力等については，課題の設定，情報の収集，整理・分析，

> まとめ・表現などの探究的な学習の過程において発揮され，未知の状況において活用できるものとして身に付けられるようにすること。
> ウ 学びに向かう力，人間性等については，自分自身に関すること及び他者や社会との関わりに関することの両方の視点を踏まえること。　　　　（第2の3(6)）

　各学校において定める内容について，今回の改訂では新たに，「目標を実現するにふさわしい探究課題」，「探究課題の解決を通して育成を目指す具体的な資質・能力」の二つを定めることが示された。「探究課題の解決を通して育成を目指す具体的な資質・能力」とは，各学校において定める目標に記された資質・能力を，各探究課題に即して具体的に示したものであり，教師の適切な指導の下，生徒が各探究課題の解決に取り組む中で，育成することを目指す資質・能力のことである。この具体的な資質・能力も，「知識及び技能」，「思考力，判断力，表現力等」，「学びに向かう力，人間性等」という資質・能力の三つの柱に即して設定していくことになる。

　このように，各学校において定める目標と内容には，三つの柱に沿った資質・能力が明示されることになる。

　したがって，資質・能力の三つの柱で再整理した学習指導要領の下での指導と評価の一体化を推進するためにも，評価の観点についてこれらの資質・能力に関わる「知識・技能」，「思考・判断・表現」，「主体的に学習に取り組む態度」の3観点に整理し示したところである。

（2）総合的な探究の時間の「内容のまとまり」の考え方

　学習指導要領の第2の2では，「各学校においては，第1の目標を踏まえ，各学校の総合的な探究の時間の内容を定める。」とされている。これは，各学校が，学習指導要領が定める目標の趣旨を踏まえて，地域や学校，生徒の実態に応じて，創意工夫を生かした内容を定めることが期待されているからである。

　この内容の設定に際しては，前述したように「目標を実現するにふさわしい探究課題」，「探究課題の解決を通して育成を目指す具体的な資質・能力」の二つを定めることが示され，探究課題としてどのような対象と関わり，その探究課題の解決を通して，どのような資質・能力を育成するのかが内容として記述されることになる（図9参照）。

　本参考資料第1編第2章の1（2）では，「内容のまとまり」について，「学習指導要領に示す各教科等の『第2款　各科目』における各科目の『1　目標』及び『2　内容』の項目等をそのまとまりごとに細分化したり整理したりしたもので，『内容のまとまり』ごとに育成を目指す資質・能力が示されている」と説明されている。

　したがって，総合的な探究の時間における「内容のまとまり」とは，全体計画に示した「目標を実現するにふさわしい探究課題」のうち，一つ一つの探究課題とその探究課題に応じて定めた具体的な資質・能力と考えることができる。

図9

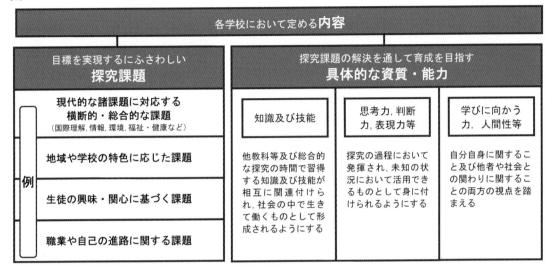

（3）「内容のまとまりごとの評価規準」を作成する際の基本的な手順

　　総合的な探究の時間における，「内容のまとまりごとの評価規準」を作成する際の基本的な手順は以下のとおりである。

---

① 　各学校において定めた目標（第2の1）と「評価の観点及びその趣旨」を確認する。

② 　各学校において定めた内容の記述（「内容のまとまり」として探究課題ごとに作成した「探究課題の解決を通して育成を目指す具体的な資質・能力」）が，観点ごとにどのように整理されているかを確認する。

③【観点ごとのポイント】を踏まえ，「内容のまとまりごとの評価規準」を作成する。

4　特別活動の「評価の観点」とその趣旨，並びに評価規準の作成及び評価の実施等について
（1）特別活動の「評価の観点」とその趣旨について

　　特別活動においては，改善等通知において示されたように，特別活動の特質と学校の創意工夫を生かすということから，設置者ではなく，「各学校で評価の観点を定める」ものとしている。本参考資料では「評価の観点」とその趣旨の設定について示している。

（2）特別活動の「内容のまとまり」

　　学習指導要領「第2　各活動・学校行事の目標及び内容」〔ホームルーム活動〕「2　内容」の「(1)ホームルームや学校における生活づくりへの参画」，「(2)日常の生活や学習への適応と自己の成長及び健康安全」，「(3)一人一人のキャリア形成と自己実現」，〔生徒会活動〕，〔学校行事〕「2　内容」の(1)儀式的行事，(2)文化的行事，(3)健康安全・体育的行事，(4)旅行・集団宿泊的行事，(5)勤労生産・奉仕的行事をそれぞれ「内容のまとまり」とした。

（3）特別活動の「評価の観点」とその趣旨，並びに「内容のまとまりごとの評価規準」を作成する際の基本的な手順

　各学校においては，学習指導要領に示された特別活動の目標及び内容を踏まえ，自校の実態に即し，改善等通知の例示を参考に観点を作成する。その際，例えば，特別活動の特質や学校として重点化した内容を踏まえて，具体的な観点を設定することが考えられる。

　また，学習指導要領解説では，各活動・学校行事の内容ごとに育成を目指す資質・能力が例示されている。そこで，学習指導要領で示された「各活動・学校行事の目標」及び学習指導要領解説で例示された「資質・能力」を確認し，各学校の実態に合わせて育成を目指す資質・能力を重点化して設定する。

　次に，各学校で設定した，各活動・学校行事で育成を目指す資質・能力を踏まえて，「内容のまとまりごとの評価規準」を作成する。基本的な手順は以下のとおりである。

---

① 　学習指導要領の「特別活動の目標」と改善等通知を確認する。

② 　学習指導要領の「特別活動の目標」と自校の実態を踏まえ，改善等通知の例示を参考に，特別活動の「評価の観点」とその趣旨を設定する。

③ 　学習指導要領の「各活動・学校行事の目標」及び学習指導要領解説特別活動編（平成 30 年 7 月）で例示した「各活動・学校行事における育成を目指す資質・能力」を参考に，各学校において育成を目指す資質・能力を重点化して設定する。

④ 　【観点ごとのポイント】を踏まえ，「内容のまとまりごとの評価規準」を作成する。

（参考）平成 24 年「評価規準の作成，評価方法等の工夫改善のための参考資料」からの 変更点について

　今回作成した本参考資料は，平成 24 年の「評価規準の作成，評価方法等の工夫改善のための参考資料」を踏襲するものであるが，以下のような変更点があることに留意が必要である[18]。

　まず，平成 24 年の参考資料において使用していた「評価規準に盛り込むべき事項」や「評価規準の設定例」については，報告において「現行の参考資料のように評価規準を詳細に示すのではなく，各教科等の特質に応じて，学習指導要領の規定から評価規準を作成する際の手順を示すことを基本とする」との指摘を受け，第 2 編において示すことを改め，本参考資料の第 3 編における事例の中で，各教科等の事例に沿った評価規準を例示したり，その作成手順等を紹介したりする形に改めている。

　次に，本参考資料の第 2 編に示す「内容のまとまりごとの評価規準」は，平成 24 年の「評価規準の作成，評価方法等の工夫改善のための参考資料」において示した「評価規準に盛り込むべき事項」と作成の手順を異にする。具体的には，「評価規準に盛り込むべき事項」は，平成 21 年改訂学習指導要領における各教科等の目標及び内容の記述を基に，学習評価及び指導要録の改善通知で示している各教科等の評価の観点及びその趣旨を踏まえて作成したものである。

　また，平成 24 年の参考資料では「評価規準に盛り込むべき事項」をより具体化したものを「評価規準の設定例」として示している。「評価規準の設定例」は，原則として，学習指導要領の各教科等の目標及び内容のほかに，当該部分の学習指導要領解説（文部科学省刊行）の記述を基に作成していた。他方，本参考資料における「内容のまとまりごとの評価規準」については，平成 30 年改訂の学習指導要領の目標及び内容が育成を目指す資質・能力に関わる記述で整理されたことから，既に確認のとおり，そこでの「内容のまとまり」ごとの記述を，文末を変換するなどにより評価規準とすることを可能としており，学習指導要領の記載と表裏一体をなす関係にあると言える。

　さらに，「主体的に学習に取り組む態度」の「各教科等の評価の観点の趣旨」についてである。前述のとおり，従前の「関心・意欲・態度」の観点から「主体的に学習に取り組む態度」の観点に改められており，「主体的に学習に取り組む態度」の観点に関しては各科目の「1　目標」を参考にしつつ，必要に応じて，改善等通知別紙 5 に示された評価の観点の趣旨のうち「主体的に学習に取り組む態度」に関わる部分を用いて「内容のまとまりごとの評価規準」を作成する必要がある。報告にあるとおり，「主体的に学習に取り組む態度」は，現行の「関心・意欲・態度」の観点の本来の趣旨であった，各教科等の学習内容に関心をもつことのみならず，よりよく学ぼうとする意欲をもって学習に取り組む

---

[18] 特別活動については，平成 30 年改訂学習指導要領を受け，初めて作成するものである。

態度を評価することを改めて強調するものである。また，本観点に基づく評価としては，「主体的に学習に取り組む態度」に係る各教科等の評価の観点の趣旨に照らし，

① 知識及び技能を獲得したり，思考力，判断力，表現力等を身に付けたりすることに向けた粘り強い取組を行おうとする側面と，

② ①の粘り強い取組を行う中で，自らの学習を調整しようとする側面，

という二つの側面を評価することが求められるとされた[19]。

以上の点から，今回の改善等通知で示した「主体的に学習に取り組む態度」の「各教科等の評価の観点の趣旨」は，平成22年通知で示した「関心・意欲・態度」の「各教科等の評価の観点の趣旨」から改められている。

---

[19] 脚注11を参照

第２編

「内容のまとまりごとの評価規準」
を作成する際の手順

1 高等学校芸術科（音楽）の「内容のまとまり」

高等学校芸術科（音楽）における「内容のまとまり」は，音楽Ⅰを例にあげると以下のようになっている。

第1　音楽Ⅰ

「Ａ表現」（1）歌唱　及び　〔共通事項〕（1）
「Ａ表現」（2）器楽　及び　〔共通事項〕（1）
「Ａ表現」（3）創作　及び　〔共通事項〕（1）
「Ｂ鑑賞」（1）鑑賞　及び　〔共通事項〕（1）

※　第2　音楽Ⅱ，第3　音楽Ⅲにおいても，同様の「内容のまとまり」となっている。

2　高等学校芸術科（音楽）における「内容のまとまりごとの評価規準」作成の手順

　ここでは，科目「音楽Ⅰ」の「Ａ　表現」(1) 歌唱及び〔共通事項〕(1)，「Ｂ鑑賞」(1) 鑑賞及び〔共通事項〕(1) を取り上げて，「内容のまとまりごとの評価規準」作成の手順を説明する。

　まず，学習指導要領に示された教科及び科目の目標を踏まえて，「評価の観点及びその趣旨」が作成されていることを理解する。次に，教科及び科目の目標と「評価の観点及びその趣旨」との関係性を踏まえ，各科目の目標に対する「評価の観点の趣旨」を作成する。その上で，①及び②の手順を踏む。

＜例１　音楽Ⅰ「Ａ表現」(1) 歌唱　及び　〔共通事項〕(1)＞

【高等学校学習指導要領　第2章　第7節　芸術「第1款 目標」】

　芸術の幅広い活動を通して，各科目における見方・考え方を働かせ，生活や社会の中の芸術や芸術文化と豊かに関わる資質・能力を次のとおり育成することを目指す。

(1)	(2)	(3)
芸術に関する各科目の特質について理解するとともに，意図に基づいて表現するための技能を身に付けるようにする。	創造的な表現を工夫したり，芸術のよさや美しさを深く味わったりすることができるようにする。	生涯にわたり芸術を愛好する心情を育むとともに，感性を高め，心豊かな生活や社会を創造していく態度を養い，豊かな情操を培う。

（高等学校学習指導要領　P.141）

【改善等通知　別紙5　各教科等の評価の観点及びその趣旨　＜芸術（音楽）＞】

知識・技能	思考・判断・表現	主体的に学習に取り組む態度
・曲想と音楽の構造や文化的・歴史的背景などとの関わり及び音楽の多様性などについて理解を深めている。 ・創意工夫などを生かした音楽表現をするために必要な技能を身に付け，歌唱，器楽，創作などで表している。	音楽を形づくっている要素や要素同士の関連を知覚し，それらの働きを感受しながら，知覚したことと感受したこととの関わりについて考え，どのように表すかについて表現意図をもったり，音楽を評価しながらよさや美しさを味わって聴いたりしている。	音や音楽，音楽文化と豊かに関わり主体的・協働的に表現及び鑑賞の学習活動に取り組もうとしている。

（改善等通知　別紙5　P.3）

【高等学校学習指導要領　第2章　第7節　芸術「第2款　第1　音楽Ⅰ　1　目標」】

音楽の幅広い活動を通して，音楽的な見方・考え方を働かせ，生活や社会の中の音や音楽，音楽文化と幅広く関わる資質・能力を次のとおり育成することを目指す。

(1)	(2)	(3)
曲想と音楽の構造や文化的・歴史的背景などとの関わり及び音楽の多様性について理解するとともに，創意工夫を生かした音楽表現をするために必要な技能を身に付けるようにする。	自己のイメージをもって音楽表現を創意工夫することや，音楽を評価しながらよさや美しさを自ら味わって聴くことができるようにする。	主体的・協働的に音楽の幅広い活動に取り組み，生涯にわたり音楽を愛好する心情を育むとともに，感性を高め，音楽文化に親しみ，音楽によって生活や社会を明るく豊かなものにしていく態度を養う。

（高等学校学習指導要領　P. 141）

　以下は，教科の目標と「評価の観点及びその趣旨」との関係性を踏まえた，科目の目標に対する「評価の観点の趣旨」の例である。

【「第2款　第1　音楽Ⅰ」の評価の観点の趣旨（例）】

知識・技能	思考・判断・表現	主体的に学習に取り組む態度
・曲想と音楽の構造や文化的・歴史的背景などとの関わり及び音楽の多様性について理解している。 ・創意工夫を生かした音楽表現をするために必要な技能を身に付け，歌唱，器楽，創作で表している。	音楽を形づくっている要素や要素同士の関連を知覚し，それらの働きを感受しながら，知覚したことと感受したこととの関わりについて考え，どのように表すかについて表現意図をもったり，音楽を評価しながらよさや美しさを自ら味わって聴いたりしている。	主体的・協働的に表現及び鑑賞の学習活動に取り組もうとしている。

※　高等学校芸術科（音楽）の評価の観点において，「知識・技能」の観点の趣旨は，知識の習得に関することと技能の習得に関することとに整理していることから二つに分けて示している。これは，学習指導要領の指導事項を，知識に関する資質・能力（事項イ）と技能に関する資質・能力（事項ウ）とに分けて示していること，技能に関する資質・能力を「A表現」のみに示していること等を踏まえたものである。また，「A表現」の題材の指導に当たっては，「知識」と「技能」の評価場面や評価方法が異なることが考えられる。したがって，「A表現」の題材では，評価規準の作成においても「知識」と「技能」とに分けて設定することを原則とする。なお「B鑑賞」の題材では，技能の習得に関する趣旨に対応する評価規準は設定しない。

① 各科目における「内容のまとまり」と「評価の観点」との関係を確認する。

A表現

　表現に関する資質・能力を次のとおり育成する。

（1）　歌唱

　　歌唱に関する次の事項を身に付けることができるよう指導する。

　　ア　歌唱表現に関わる知識や技能を得たり生かしたりしながら，自己のイメージをもって歌唱表現を創意工夫すること。

　　イ　次の(ｱ)から(ｳ)までについて理解すること。

　　　(ｱ)　曲想と音楽の構造や歌詞，文化的・歴史的背景との関わり

　　　(ｲ)　言葉の特性と曲種に応じた発声との関わり

　　　(ｳ)　様々な表現形態による歌唱表現の特徴

　　ウ　創意工夫を生かした歌唱表現をするために必要な，次の(ｱ)から(ｳ)までの技能を身に付けること。

　　　(ｱ)　曲にふさわしい発声，言葉の発音，身体の使い方などの技能

　　　(ｲ)　他者との調和を意識して歌う技能

　　　(ｳ)　表現形態の特徴を生かして歌う技能

〔共通事項〕

　表現及び鑑賞の学習において共通に必要となる資質・能力を次のとおり育成する。

（1）「A表現」及び「B鑑賞」の指導を通して，次の事項を身に付けることができるよう指導する。

　　ア　音楽を形づくっている要素や要素同士の関連を知覚し，それらの働きを感受しながら，知覚したことと感受したこととの関わりについて考えること。

　　イ　音楽を形づくっている要素及び音楽に関する用語や記号などについて，音楽における働きと関わらせて理解すること。

<u>（実線）</u>…知識及び技能に関する内容
<u>（波線）</u>…思考力，判断力，表現力等に関する内容

<参考：「内容のまとまり」と〔共通事項〕との関係>

・〔共通事項〕アは，思考力，判断力，表現力等に関する内容を示しており，〔共通事項〕アと各領域や分野の事項アは，一体的に捉えるべき内容である。

歌唱	器楽	創作	鑑賞
音楽を形づくっている要素や要素同士の関連を知覚し，それらの働きを感受しながら，知覚したことと感受したこととの関わりについて考え⇒			
⇒歌唱表現に関わる知識や技能を得たり生かしたりしながら，自己のイメージをもって歌唱表現を創意工夫すること。	⇒器楽表現に関わる知識や技能を得たり生かしたりしながら，自己のイメージをもって器楽表現を創意工夫すること。	⇒創作表現に関わる知識や技能を得たり生かしたりしながら，自己のイメージをもって創作表現を創意工夫すること。	⇒鑑賞に関わる知識を得たり生かしたりしながら，次の(ア)から(ウ)までについて考え，音楽のよさや美しさを自ら味わって聴くこと。

　　このように，〔共通事項〕アは，歌唱，器楽，創作，鑑賞の全ての事項アの文頭に位置付く性格のものである。

・〔共通事項〕イは，知識に関する内容を示しており，全ての「内容のまとまり」において，その趣旨を踏まえて適切に指導すべき内容である。

○評価規準作成の際の〔共通事項〕の位置付け

・〔共通事項〕については，学習指導要領の各科目における「3　内容の取扱い」に「『A表現』及び『B鑑賞』の指導と併せて，十分な指導が行われるよう工夫すること」と示している。また，「高等学校学習指導要領解説芸術（音楽　美術　工芸　書道）編　音楽編　美術編」において，「〔共通事項〕は，表現及び鑑賞の活動と切り離して単独で指導するものではないことに，十分留意する必要がある」と示している。これらを踏まえ，事項アについては，全ての題材で必ず位置付けなければ学習として成立しないため，「思考・判断・表現」の観点の趣旨の中に位置付けている。

・一方，事項イについては，「知識」の観点の趣旨に直接的には示していない。事項イの内容については，「音楽における働きと関わらせて理解すること」と示しており，主に「曲想と音楽の構造との関わり」について理解する過程や結果において理解されるものである。

＜参考：芸術科（音楽）における事項の示し方＞

A表現

（1）歌唱

　ア　思考力，判断力，表現力等に関する内容

　イ　知識に関する内容

　ウ　技能に関する内容

（2）器楽

　ア　思考力，判断力，表現力等に関する内容

　イ　知識に関する内容

　ウ　技能に関する内容

（3）創作

　ア　思考力，判断力，表現力等に関する内容

　イ　知識に関する内容

　ウ　技能に関する内容

B鑑賞

（1）鑑賞

　ア　思考力，判断力，表現力等に関する内容

　イ　知識に関する内容

〔共通事項〕　（1）

　ア　思考力，判断力，表現力等に関する内容

　イ　知識に関する内容

② 【観点ごとのポイント】を踏まえ，「内容のまとまりごとの評価規準」を作成する。

（１）「内容のまとまりごとの評価規準」を作成する際の【観点ごとのポイント】

○「知識・技能」のポイント

・事項イの「次の(ア)から(ウ)まで」の部分及び事項ウの「次の(ア)から(ウ)までの技能」の部分に，それぞれ学習内容に応じて(ア)，(イ)，(ウ) から一つ以上を適切に選択して置き換え，文末を「〜している」に変更する。創作分野の事項イについては，その文末を「〜している」に変更する。

○「思考・判断・表現」のポイント

・〔共通事項〕アの文末を「考え，」に変更して文頭に置き，事項アの文末を「〜している」に変更する。なお，事項アの前半の「知識や技能を得たり生かしたりしながら」は，「知識及び技能」と「思考力，判断力，表現力等」とがどのような関係にあるかを明確にするために示している文言であるため，「内容のまとまりごとの評価規準」としては設定しない。

○「主体的に学習に取り組む態度」のポイント

・当該科目の「評価の観点の趣旨」に基づいて作成する。

・「評価の観点の趣旨」の「表現及び鑑賞」の部分は，学習内容に応じて，該当する領域や分野に置き換える。なお，「学習活動」とは，その題材における「知識及び技能」の習得や「思考力，判断力，表現力等」の育成に係る学習活動全体を指している。

＜参考：音楽Ⅰ「Ａ表現」＞

知識・技能	思考・判断・表現	主体的に学習に取り組む態度
・（事項イの(ア)，(イ)，(ウ)）について理解<u>している</u>。（※創作分野の場合は，事項イの文末を「〜している」に変更する。） 【知識】 ・創意工夫を生かした歌唱表現（※器楽分野の場合は「器楽表現」，創作分野の場合は「創作表現」）をするために必要な（事項ウの(ア)，(イ)，(ウ)）を身に付け<u>ている</u>。 【技能】	音楽を形づくっている要素や要素同士の関連を知覚し，それらの働きを感受しながら，知覚したことと感受したこととの関わりについて<u>考え，</u>自己のイメージをもって歌唱（※器楽分野の場合は「器楽」，創作分野の場合は「創作」）表現を創意工夫<u>している</u>。	主体的・協働的に歌唱（※器楽分野の場合は「器楽」，創作分野の場合は「創作」）の学習活動に取り組もうとしている。

（2）学習指導要領の「2　内容」　及び　「内容のまとまりごとの評価規準（例）」

	知識及び技能	思考力，判断力，表現力等	学びに向かう力，人間性等
学習指導要領　2　内容	イ　次の(ア)から(ウ)までについて理解すること。 　(ア)　曲想と音楽の構造や歌詞，文化的・歴史的背景との関わり 　(イ)　言葉の特性と曲種に応じた発声との関わり 　(ウ)　様々な表現形態による歌唱表現の特徴 〔共通事項〕 イ　音楽を形づくっている要素及び音楽に関する用語や記号などについて，音楽における働きと関わらせて理解すること。 ウ　創意工夫を生かした歌唱表現をするために必要な，次の(ア)から(ウ)までの技能を身に付けること。 　(ア)　曲にふさわしい発声，言葉の発音，身体の使い方などの技能 　(イ)　他者との調和を意識して歌う技能 　(ウ)　表現形態の特徴を生かして歌う技能	ア　歌唱表現に関わる知識や技能を得たり生かしたりしながら，自己のイメージをもって歌唱表現を創意工夫すること。 〔共通事項〕 ア　音楽を形づくっている要素や要素同士の関連を知覚し，それらの働きを感受しながら，知覚したことと感受したこととの関わりについて考えること。	※内容には，学びに向かう力，人間性等について示されていないことから，該当科目の目標(3)を参考にする。

	知識・技能	思考・判断・表現	主体的に学習に取り組む態度
内容のまとまりごとの評価規準例	・曲想と音楽の構造や歌詞，文化的・歴史的背景との関わりについて理解している。 ・言葉の特性と曲種に応じた発声との関わりについて理解している。 ・様々な表現形態による歌唱表現の特徴について理解している。 ・創意工夫を生かした歌唱表現をするために必要な，曲にふさわしい発声，言葉の発音，身体の使い方などの技能を身に付けている。 ・創意工夫を生かした歌唱表現をするために必要な，他者との調和を意識して歌う技能を身に付けている。 ・創意工夫を生かした歌唱表現をするために必要な，表現形態の特徴を生かして歌う技能を身に付けている。	・音楽を形づくっている要素や要素同士の関連を知覚し，それらの働きを感受しながら，知覚したことと感受したこととの関わりについて考え，自己のイメージをもって歌唱表現を創意工夫している。	・主体的・協働的に歌唱の学習活動に取り組もうとしている。 ※必要に応じて各教科等の評価の観点の趣旨（「主体的に学習に取り組む態度」に関わる部分）等を用いて作成する。

＜例２　音楽Ⅰ「Ｂ鑑賞」(1) 鑑賞　及び　〔共通事項〕(1) ＞

【高等学校学習指導要領 第２章 第７節 芸術 「第１款 目標」】及び【改善等通知 別紙５ 各教科等の評価の観点及びその趣旨 ＜芸術（音楽）＞】

＜例１＞と同様のため省略

【高等学校学習指導要領 第２章 第７節 芸術「第２款　第１ 音楽Ⅰ　１ 目標」】及び【「第２款　第１　音楽Ⅰ」の評価の観点の趣旨（例）】

＜例１＞と同様のため省略

> ① 各科目における「内容のまとまり」と「評価の観点」との関係を確認する。

Ｂ鑑賞

鑑賞に関する資質・能力を次のとおり育成する。

(1)　鑑賞

鑑賞に関する次の事項を身に付けることができるよう指導する。

ア　鑑賞に関わる知識を得たり生かしたりしながら，次の(ア)から(ウ)までについて考え，音楽のよさや美しさを自ら味わって聴くこと。

(ア)　曲や演奏に対する評価とその根拠

(イ)　自分や社会にとっての音楽の意味や価値

(ウ)　音楽表現の共通性や固有性

イ　次の(ア)から(ウ)までについて理解すること。

(ア)　曲想や表現上の効果と音楽の構造との関わり

(イ)　音楽の特徴と文化的・歴史的背景，他の芸術との関わり

(ウ)　我が国や郷土の伝統音楽の種類とそれぞれの特徴

〔共通事項〕

表現及び鑑賞の学習において共通に必要となる資質・能力を次のとおり育成する。

(1)「Ａ表現」及び「Ｂ鑑賞」の指導を通して，次の事項を身に付けることができるよう指導する。

ア　音楽を形づくっている要素や要素同士の関連を知覚し，それらの働きを感受しながら，知覚したことと感受したこととの関わりについて考えること。

イ　音楽を形づくっている要素及び音楽に関する用語や記号などについて，音楽における働きと関わらせて理解すること。

> 　（実線）…知識及び技能に関する内容
>
> 　（波線）…思考力，判断力，表現力等に関する内容

以下，＜例1＞と同様のため省略

---

② 【観点ごとのポイント】を踏まえ，「内容のまとまりごとの評価規準」を作成する。

（1）「内容のまとまりごとの評価規準」を作成する際の【観点ごとのポイント】

○「知識・技能」のポイント

・事項イの「次の(ｱ)から(ｳ)まで」の部分に，学習内容等に応じて(ｱ)，(ｲ)，(ｳ) から一つ以上を適切に選択して置き換え，文末を「〜している」に変更する。

○「思考・判断・表現」のポイント

・〔共通事項〕アの文末を「考えるとともに，」に変更して文頭に置き，事項アの「次の(ｱ)から(ｳ)まで」の部分に，学習内容等に応じて(ｱ)，(ｲ)，(ｳ) から一つ以上を適切に選択して置き換え，文末を「〜聴いている」に変更する。なお，事項アの前半の「知識を得たり生かしたりしながら」は，「知識」と「思考力，判断力，表現力等」とがどのような関係にあるかを明確にするために示している文言であるため，「内容のまとまりごとの評価規準」としては設定しない。

○「主体的に学習に取り組む態度」のポイント

　＜例1＞と同様のため省略

＜参考：音楽Ⅰ「B鑑賞」＞

知識・技能	思考・判断・表現	主体的に学習に取り組む態度
・（事項イの(ｱ)，(ｲ)，(ｳ)）について理解している。【知識】 （「技能」に関する評価規準は設定しない。）	音楽を形づくっている要素や要素同士の関連を知覚し，それらの働きを感受しながら，知覚したことと感受したこととの関わりについて考えるとともに，（事項アの(ｱ)，(ｲ)，(ｳ)）について考え，音楽のよさや美しさを自ら味わって聴いている。	主体的・協働的に鑑賞の学習活動に取り組もうとしている。

（2）学習指導要領の「2 内容」 及び 「内容のまとまりごとの評価規準（例）」

	知識及び技能	思考力，判断力，表現力等	学びに向かう力，人間性等
学習指導要領 2 内容	イ 次の(ｱ)から(ｳ)までについて理解すること。 　(ｱ) 曲想や表現上の効果と音楽の構造との関わり 　(ｲ) 音楽の特徴と文化的・歴史的背景，他の芸術との関わり 　(ｳ) 我が国や郷土の伝統音楽の種類とそれぞれの特徴 〔共通事項〕 イ 音楽を形づくっている要素及び音楽に関する用語や記号などについて，音楽における働きと関わらせて理解すること。	ア 鑑賞に関わる知識を得たり生かしたりしながら，次の(ｱ)から(ｳ)までについて考え，音楽のよさや美しさを自ら味わって聴くこと。 　(ｱ) 曲や演奏に対する評価とその根拠 　(ｲ) 自分や社会にとっての音楽の意味や価値 　(ｳ) 音楽表現の共通性や固有性 〔共通事項〕 ア 音楽を形づくっている要素や要素同士の関連を知覚し，それらの働きを感受しながら，知覚したことと感受したこととの関わりについて考えること。	※内容には，学びに向かう力，人間性等について示されていないことから，該当科目の目標(3)を参考にする。

	知識・技能	思考・判断・表現	主体的に学習に取り組む態度
内容のまとまりごとの評価規準例	・曲想や表現上の効果と音楽の構造との関わりについて理解している。 ・音楽の特徴と文化的・歴史的背景，他の芸術との関わりについて理解している。 ・我が国や郷土の伝統音楽の種類とそれぞれの特徴について理解している。	・音楽を形づくっている要素や要素同士の関連を知覚し，それらの働きを感受しながら，知覚したことと感受したこととの関わりについて考えるとともに，曲や演奏に対する評価とその根拠について考え，音楽のよさや美しさを自ら味わって聴いている。 ・音楽を形づくっている要素や要素同士の関連を知覚し，それらの働きを感受しながら，知覚したことと感受したこととの関わりについて考えるとともに，自分や社会にとっての音楽の意味や価値について考え，音楽のよさや美しさを自ら味わって聴いている。 ・音楽を形づくっている要素や要素同士の関連を知覚し，それらの働きを感受しながら，知覚したことと感受したこととの関わりについて考えるとともに，音楽表現の共通性や固有性について考え，音楽のよさや美しさを自ら味わって聴いている。	・主体的・協働的に鑑賞の学習活動に取り組もうとしている。 ※必要に応じて各教科等の評価の観点の趣旨（「主体的に学習に取り組む態度」に関わる部分）等を用いて作成する。

※　各学校においては，「内容のまとまりごとの評価規準」の考え方を踏まえて，各学校の実態を考慮し，題材の評価規準を作成する。具体的には第3編において事例を示している。

第３編

題材ごとの学習評価について

（事例）

第1章　「内容のまとまりごとの評価規準」の考え方を踏まえた題材の評価規準の作成

1　本編事例における学習評価の進め方について

　各科目の題材における観点別学習状況の評価を実施するに当たり，まずは年間の指導と評価の計画を確認することが重要である。その上で，学習指導要領の目標や内容，「内容のまとまりごとの評価規準」の考え方等を踏まえ，以下のように進めることが考えられる。なお，複数の題材にわたって評価を行う場合など，以下の方法によらない事例もあることに留意する必要がある。

第3編

評価の進め方	留意点
1　題材の目標を作成する	○　学習指導要領の目標や内容，学習指導要領解説等を踏まえて作成する。 ○　生徒の実態，前題材までの学習状況等を踏まえて作成する。 ※　題材の目標及び評価規準の関係性（イメージ）については下図参照 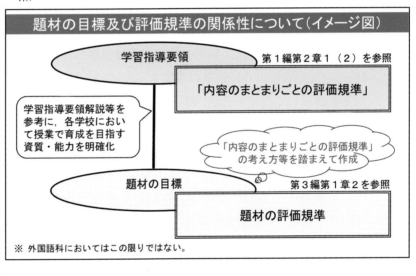
2　題材の評価規準を作成する	
3　「指導と評価の計画」を作成する	○　1，2を踏まえ，評価場面や評価方法等を計画する。 ○　どのような評価資料（生徒の反応やノート，ワークシート，作品など）を基に，「おおむね満足できる」状況（B）と評価するかを考えたり，「努力を要する」状況（C）への手立て等を考えたりする。
授業を行う	○　3に沿って観点別学習状況の評価を行い，生徒の学習改善や教師の指導改善につなげる。
4　観点ごとに総括する	○　集めた評価資料やそれに基づく評価結果などから，観点ごとの総括的評価（A，B，C）を行う。

2　題材の評価規準の作成のポイント

　音楽Ⅰの題材の評価規準作成のポイントは，以下のとおりである。

（1）知識・技能

- 「知識」については，第2編で示した【「第2款　第1　音楽Ⅰ」の評価の観点の趣旨（例）】（以下，「音楽Ⅰの観点の趣旨」と記す）を「〜について理解している。」と示しているため，そのまま評価規準として設定することができる。具体的には，「〜」の部分を，その題材の領域や分野，学習内容等に応じた事項イの内容に置き換える。なお，歌唱，器楽，鑑賞については，事項イの(ｱ)，(ｲ)，(ｳ)から一つ以上を適切に選択して置き換える。

- 「技能」については，技能を身に付けて表現している状態を評価することになるため，音楽Ⅰの観点の趣旨を「創意工夫を生かした音楽表現をするために必要な技能を身に付け，〜で表している。」と示しており，その文言を用いて評価規準を設定する。具体的には，「創意工夫を生かした音楽表現をするために必要な技能」の部分を，その題材の分野や学習内容等に応じた事項ウに置き換える。「技能」の部分には，その題材の分野や学習内容等に応じて事項ウの(ｱ)，(ｲ)，(ｳ)から一つ以上を適切に選択して挿入する。また，「〜」の部分に，「A表現」において扱う分野に応じて，「歌唱」，「器楽」，「創作」から選択して置き換える。なお，「B鑑賞」の題材においては，技能の評価規準は設定しない。

- (ｱ)，(ｲ)，(ｳ)のように複数の事項を示しているものについては，題材の目標に照らして一つ以上を選択して設定するが，複数の事項を選択した際，それらの内容についての評価場面や評価方法が同じである場合は，「及び」や「とともに」などでつなぎ，一文で表記することも考えられる。

- 音楽Ⅰの歌唱，器楽，鑑賞の事項イの(ｱ)に示している「音楽の構造」とは，音楽を形づくっている要素そのものや要素同士の関わり方及び音楽全体がどのように成り立っているかなど，音や要素の表れ方や関係性，音楽の構成や展開の有り様などである。「知識」の評価規準における「音楽の構造」については，「思考・判断・表現」の評価規準において位置付けた音楽を形づくっている要素との関わりを十分考慮して，指導と評価を行う必要がある。例えば，「思考・判断・表現」の評価規準で「リズム」を選択して位置付けている題材の場合，生徒が「リズム」を知覚し，それらの働きを感受しながら，知覚したことと感受したこととの関わりについて「この曲の前半では四分音符を中心としたリズムによって音楽がゆったりと流れていくが，後半になると付点のリズムやシンコペーションが多く使われ，音楽に躍動感が生まれる」などのように考えることと，「音楽の構造」を捉えることとを関連付けて指導することが大切である。このように，「知識」の評価規準における「音楽の構造」は，「思考・判断・表現」の評価規準の中で選択した音楽を形づくっている要素との関わりの中で捉えていくことのできるものとして設定することが大切である。

（2）思考・判断・表現

- 「思考・判断・表現」については，観点の趣旨を①〔共通事項〕アに関すること，②「A表現」に関すること，③「B鑑賞」に関することで構成し，「〜している。」と示している。したがって，「A表現」の学習では①と②で構成することによって評価規準を設定することができる。なお，②については，創意工夫している状態を評価することになるため，音楽Ⅰの観点の

趣旨を「どのように表すかについて表現意図をもったり」と示しており，その文言を用いて評価規準を設定する。また，「B鑑賞」の学習では①と③で構成することによって評価規準を設定することができる。なお，①については，その文末を「考えるとともに，」とし，③については，観点の趣旨の「音楽を評価しながら」の部分に，その題材の学習内容等に応じて事項アの(ア)，(イ)，(ウ)から一つ以上を適切に選択して挿入し，「について考え，音楽の」につなげて評価規準を設定する。

・「音楽を形づくっている要素」の部分は，音色，リズム，速度，旋律，テクスチュア，強弱，形式，構成などの中から，その題材の学習内容を踏まえて適切に選択して置き換える。なお，音楽を形づくっている要素については，〔共通事項〕アを「思考力，判断力，表現力等」に関する資質・能力として明確化したことの趣旨を踏まえ，「生徒の思考・判断のよりどころとなる」ものとして適切に選択することが大切である。

・事項アの前半の「知識や技能を得たり生かしたりしながら」は，「知識及び技能」と「思考力，判断力，表現力等」とがどのような関係にあるかを明確にするために示している文言であるため，題材の評価規準としては設定しない。

（3）主体的に学習に取り組む態度

・「主体的に学習に取り組む態度」については，観点の趣旨を「〜取り組もうとしている」と示しているため，そのまま評価規準として設定することができる。

・文頭に，「…に関心をもち」を加え，その題材の学習において生徒に興味・関心をもたせたい事柄を記載する。その際，「…に関心をもち」の「…」は，「その題材の学習に粘り強く取り組んだり，自らの学習を調整しようとする意思をもったりできるようにするために必要な，扱う教材曲や曲種等の特徴，学習内容など，生徒に興味・関心をもたせたい事柄」となるよう，十分に吟味して設定する。なお，「関心をもち」は，主体的・協働的に学習活動に取り組めるようにするために必要なものであり，「関心をもっているか」のみを評価するものではない。

・「学習活動」とは，その題材における「知識及び技能」の習得や，「思考力，判断力，表現力等」の育成に係る学習活動全体を指している。

＜参考：【音楽Ⅰの観点の趣旨】＞

観点	知識・技能	思考・判断・表現	主体的に学習に取り組む態度
趣旨	・曲想と音楽の構造や文化的・歴史的背景などとの関わり及び音楽の多様性について理解している。 ・創意工夫を生かした音楽表現をするために必要な技能を身に付け，歌唱，器楽，創作で表している。	音楽を形づくっている要素や要素同士の関連を知覚し，それらの働きを感受しながら，知覚したことと感受したこととの関わりについて考え，どのように表すかについて表現意図をもったり，音楽を評価しながらよさや美しさを自ら味わって聴いたりしている。	主体的・協働的に表現及び鑑賞の学習活動に取り組もうとしている。

＜参考：表1 音楽Ⅰ「Ａ表現」 （1）歌唱 及び （2）器楽＞

知識・技能	思考・判断・表現	主体的に学習に取り組む態度
・［事項イの(ｱ)，(ｲ)，(ｳ)のうちいずれか一つ以上］について理解している。【知識】 ・創意工夫を生かした歌唱表現（※器楽分野の場合は「器楽表現」）をするために必要な，［事項ウの(ｱ)，(ｲ)，(ｳ)のうちいずれか一つ以上］を身に付け，歌唱（※器楽分野の場合は「器楽」）で表している。【技能】	［音色，リズム，速度，旋律，テクスチュア，強弱，形式，構成などのうち，その題材の学習において生徒の思考・判断のよりどころとなるものとして適切に選択した主な音楽を形づくっている要素］を知覚し，それらの働きを感受しながら，知覚したことと感受したこととの関わりについて考え，どのように歌うか（※器楽分野の場合は「演奏するか」）について表現意図をもっている。	［その題材の学習に粘り強く取り組んだり，自らの学習を調整しようとする意思をもったりできるようにするために必要な，扱う教材曲や曲種等の特徴，学習内容など，生徒に興味・関心をもたせたい事柄］に関心をもち，主体的・協働的に歌唱（※器楽分野の場合は「器楽」）の学習活動に取り組もうとしている。

※　音楽Ⅱの観点の趣旨では，「知識」の観点を「～について理解を深めている。」と示している（巻末資料 90 ページ参照）。一方，「Ａ表現」（1）歌唱及び（2）器楽の内容では，事項イの(ｱ)及び(ｲ)では「表現上の効果」を理解することによって，(ｳ)では「歌唱表現の固有性や多様性」を理解することによって，それぞれの事項の理解を深化させるものとして示しているため，文末は「～について理解すること。」と示している。したがって，これらの評価規準の作成に当たっては，音楽Ⅰと同様に文末を「～について理解している。」の文言によって評価規準を設定する。

　なお，「Ａ表現」（3）創作及び「Ｂ鑑賞」（1）鑑賞については，内容の事項イを「～について理解を深めること。」と示しているため，評価規準も「～について理解を深めている。」の文言によって設定する。

＜参考：表2 音楽Ⅰ「Ａ表現」 （3）創作＞

知識・技能	思考・判断・表現	主体的に学習に取り組む態度
・音素材，音を連ねたり重ねたりしたときの響き，音階や音型などの特徴及び構成上の特徴について，表したいイメージと関わらせて理解している。【知識】 ・創意工夫を生かした創作表現をするために必要な，［事項ウの(ｱ)，(ｲ)，(ｳ)のうちいずれか一つ以上］を身に付け，創作で表している。【技能】	［音色，リズム，速度，旋律，テクスチュア，強弱，形式，構成などのうち，その題材の学習において生徒の思考・判断のよりどころとなるものとして適切に選択した主な音楽を形づくっている要素］を知覚し，それらの働きを感受しながら，知覚したことと感受したこととの関わりについて考え，どのように音楽をつくるかについて表現意図をもっている。	［その題材の学習に粘り強く取り組んだり，自らの学習を調整しようとする意思をもったりできるようにするために必要な，扱う教材曲や曲種等の特徴，学習内容など，生徒に興味・関心をもたせたい事柄］に関心をもち，主体的・協働的に創作の学習活動に取り組もうとしている。

<参考：表3 音楽Ⅰ「B鑑賞」（1）鑑賞＞

知識・技能	思考・判断・表現	主体的に学習に取り組む態度
・[事項イの(ｱ)，(ｲ)，(ｳ)のうちいずれか一つ以上]について理解している。【知識】 （「技能」に関する評価規準は設定しない。）	[音色，リズム，速度，旋律，テクスチュア，強弱，形式，構成などのうち，その題材の学習において生徒の思考・判断のよりどころとなるものとして適切に選択した主な音楽を形づくっている要素]を知覚し，それらの働きを感受しながら，知覚したことと感受したこととの関わりについて考えるとともに，[事項アの(ｱ)，(ｲ)，(ｳ)のうちいずれか一つ以上]について考え，音楽のよさや美しさを自ら味わって聴いている。	[その題材の学習に粘り強く取り組んだり，自らの学習を調整しようとする意思をもったりできるようにするために必要な，扱う教材曲や曲種等の特徴，学習内容など，生徒に興味・関心をもたせたい事柄]に関心をもち，主体的・協働的に鑑賞の学習活動に取り組もうとしている。

表1，表2及び表3のゴシック体の［　　］内は，題材で扱う学習内容に合わせて適切に選択した指導事項に置き換えたり，適切な文言を挿入したりする部分である。

【題材の評価規準（例）】

＜例1＞音楽Ⅰ

A表現（1）歌唱において，事項ア，イ(ｱ)，ウ(ｲ)で題材を構想している場合の例

> ア　歌唱表現に関わる知識や技能を得たり生かしたりしながら，自己のイメージをもって歌唱表現を創意工夫すること。
> イ　次の(ｱ)から(ｳ)までについて理解すること。
> 　(ｱ)　曲想と音楽の構造や歌詞，文化的・歴史的背景との関わり
> ウ　創意工夫を生かした歌唱表現をするために必要な，次の(ｱ)から(ｳ)までの技能を身に付けること。
> 　(ｲ)　他者との調和を意識して歌う技能

題材の評価規準例	知識・技能	思考・判断・表現	主体的に学習に取り組む態度
	知（※1）曲想と音楽の構造や歌詞~~，文化的・歴史的背景~~（※2）との関わりについて理解している。	思（※1）リズム，旋律（※3）を知覚し，それらの働きを感受しながら，知覚したことと感受したこととの関わりについて考え，ど	態（※1）旋律と言葉との関係に関心をもち，（※4）主体的・協働的に歌唱の学習活動に取り組もうとしている。

	知識・技能	思考・判断・表現	主体的に学習に取り組む態度
	技（※1）創意工夫を生かした歌唱表現をするために必要な，他者との調和を意識して歌う技能を身に付け，歌唱で表している。	のように歌うかについて表現意図をもっている。	

※1：「知識」と「技能」は，それぞれ分けて指導事項を示していること，また評価方法や評価場面が異なることが想定されること等を踏まえ，知，技と分けて略記している。「思考・判断・表現」と「主体的に学習に取り組む態度」については，それぞれ思，態と略記している。

※2：事項に示している内容のうち，本題材の学習で扱わない部分については削除できる。

※3：「音楽を形づくっている要素」には，音色，リズム，速度，旋律，テクスチュア，強弱，形式，構成などの中から，その題材の学習において生徒の思考・判断のよりどころとなる主な音楽を形づくっている要素を適切に選択して記載する。

※4：文頭に，その題材の学習に粘り強く取り組んだり，自らの学習を調整しようとする意思をもったりできるようにするために必要な，扱う教材曲や曲種等の特徴，学習内容など，生徒に興味・関心をもたせたい事柄を記載する。

<例2>音楽I

B鑑賞 (1) 鑑賞において，事項ア(ア)，イ(イ)で題材を構想している場合の例

> ア 鑑賞に関わる知識を得たり生かしたりしながら，次の(ア)から(ウ)までについて考え，音楽のよさや美しさを自ら味わって聴くこと。
>   (ア) 曲や演奏に対する評価とその根拠
> イ 次の(ア)から(ウ)までについて理解すること。
>   (イ) 音楽の特徴と文化的・歴史的背景，他の芸術との関わり

	知識・技能	思考・判断・表現	主体的に学習に取り組む態度
題材の評価規準例	知（※1）音楽の特徴と~~文化的・歴史的背景，~~（※2）他の芸術との関わりについて理解している。	思（※1）リズム，速度，強弱（※3）を知覚し，それらの働きを感受しながら，知覚したことと感受したこととの関わりについて考えるとともに，曲や演奏に対する評価とその根拠について考え，音楽のよさや美しさを自ら味わって聴いている。	態（※1）音楽の雰囲気とバレエにおける身体表現との関わりに関心をもち，（※4）主体的・協働的に鑑賞の学習活動に取り組もうとしている。

※1：各観点の略記の仕方については，<例1>と同様。

※2，※3，※4については，<例1>を参照。

第2章　学習評価に関する事例について

1　事例の特徴

　第1編第1章2（4）で述べた学習評価の改善の基本的な方向性を踏まえつつ，平成30年に改訂された高等学校学習指導要領の趣旨・内容の徹底に資する評価の事例を示すことができるよう，本参考資料における事例は，原則として以下のような方針を踏まえたものとしている。

○　題材に応じた評価規準の設定から評価の総括までとともに，生徒の学習改善及び教師の指導改善までの一連の流れを示している

　　本参考資料で提示する事例は，題材の評価規準の設定から評価の総括までとともに，評価結果を生徒の学習改善や教師の指導改善に生かすまでの一連の学習評価の流れを念頭においたものである。なお，観点別の学習状況の評価については，「おおむね満足できる」状況，「十分満足できる」状況，「努力を要する」状況と判断した生徒の具体的な状況の例などを示している。「十分満足できる」状況という評価になるのは，生徒が実現している学習の状況が質的な高まりや深まりをもっていると判断されるときである。

○　観点別の学習状況について評価する時期や場面の精選について示している

　　報告や改善等通知では，学習評価については，日々の授業の中で生徒の学習状況を適宜把握して指導の改善に生かすことに重点を置くことが重要であり，観点別の学習状況についての評価は，毎回の授業ではなく原則として単元や題材など内容や時間のまとまりごとに，それぞれの実現状況を把握できる段階で行うなど，その場面を精選することが重要であることが示された。このため，観点別の学習状況について評価する時期や場面の精選について，「指導と評価の計画」の中で，具体的に示している。

○　評価方法の工夫を示している

　　生徒の反応やノート，ワークシート，作品等の評価資料をどのように活用したかなど，評価方法の多様な工夫について示している。

2　事例の概要

事例　キーワード　指導と評価の計画から評価の総括まで，「主体的に学習に取り組む態度」の評価
「変奏の面白さを味わおう」（音楽Ⅰ）

　本事例は，曲想と音楽の構造との関わりを理解し，曲に対する評価とその根拠，及び自分にとっての音楽の意味や価値について考えながら，変奏のよさや美しさを自ら味わって聴く鑑賞の学習と，音を連ねたときの響きや音型などの特徴について，表したいイメージと関わらせて理解しながら，創意工夫を生かして平易な旋律の変奏をする創作の学習との関連を図った題材である。

　第1時では，変奏による曲想の変化を捉えながら，ベートーヴェン作曲「パイジェッロの〈うつろな心〉の主題による六つの変奏曲」（以下「六つの変奏曲」）を聴く。第1時後半から第2時前半にかけて，童謡「ちゅうりっぷ」を用いて，旋律のリズムや拍子，調性などの変化と曲想の変化との関連を捉え，第2時後半では，これらの学習内容を踏まえ，ドイツ民謡「かっこう」を主題として変奏を創作するための「アイディアシート」を作成しながら自分のイメージをもてるようにする。第3時では，第2時に作成した「アイディアシート」を基に，音楽ソフトを活用して「かっこう」の旋律を様々に変化させ，曲想の変化を試しながら変奏を創作し，グループで聴き合ったり感想やアドバイスを伝え合ったりしながら表現意図を明確にしていく。第4時では，つくった変奏を聴き合い，互いの作品に表れた変奏の面白さを味わう。第4時後半では，ここまでの学習を踏まえて再度「六つの変奏曲」を聴き，自分にとっての音楽の意味や価値について考えながらよさや美しさを味わう。

　学習指導要領の内容は，「A表現」(3) 創作の事項ア，イ，ウ(ウ)，「B鑑賞」の事項ア(ア)(イ)，イ(ア)，〔共通事項〕（本題材の学習において生徒の思考・判断のよりどころとなる主な音楽を形づくっている要素：「旋律」）を扱う。

芸術科（音楽）　事例（音楽Ⅰ）

キーワード　指導と評価の計画から評価の総括まで，「主体的に学習に取り組む態度」の評価

題材名	内容のまとまり
変奏の面白さを味わおう	「Ａ表現」(3)創作　及び〔共通事項〕(1) ／「Ｂ鑑賞」(1)鑑賞　及び〔共通事項〕(1)

1　題材の目標

(1) 音楽から喚起されるイメージと音楽の構造との関わりについて理解するとともに，創意工夫を生かした創作表現をするために必要な，音楽を形づくっている要素の働きを変化させ，変奏をする技能を身に付ける。

(2) 旋律を知覚し，その働きを感受しながら，知覚したことと感受したこととの関わりについて考え，どのように音楽をつくるかについて表現意図をもつとともに，曲に対する評価とその根拠，及び自分にとっての音楽の意味や価値について考え，音楽のよさや美しさを自ら味わって聴く。

(3) 旋律の変化と雰囲気の変化との関わりに関心をもち，主体的・協働的に創作や鑑賞の学習活動に取り組むとともに，音楽に対する感性を豊かにし，音楽を愛好する心情を養う。

2　本題材で扱う学習指導要領の内容

音楽Ⅰ　Ａ表現（3）創作

　ア　創作表現に関わる知識や技能を得たり生かしたりしながら，自己のイメージをもって創作表現を創意工夫すること。

　イ　音素材，音を連ねたり重ねたりしたときの響き，音階や音型などの特徴及び構成上の特徴について，表したいイメージと関わらせて理解すること。

　ウ　創意工夫を生かした創作表現をするために必要な，次の(ｱ)から(ｳ)までの技能を身に付けること。

　　(ｳ)　音楽を形づくっている要素の働きを変化させ，変奏や編曲をする技能

音楽Ⅰ　Ｂ鑑賞（1）鑑賞

　ア　鑑賞に関わる知識を得たり生かしたりしながら，次の(ｱ)から(ｳ)までについて考え，音楽のよさや美しさを自ら味わって聴くこと。

　　(ｱ)　曲や演奏に対する評価とその根拠

　　(ｲ)　自分や社会にとっての音楽の意味や価値

　イ　次の(ｱ)から(ｳ)までについて理解すること。

　　(ｱ)　曲想や表現上の効果と音楽の構造との関わり

〔共通事項〕(1)

　（本題材の学習において，生徒の思考・判断のよりどころとなる主な音楽を形づくっている要素：「旋律」）

3　題材の評価規準

知識・技能	思考・判断・表現	主体的に学習に取り組む態度
知① 音を連ねたときの響きや音型などの特徴について，表したいイメージと関わらせて理解している。（創作） 技 創意工夫を生かした創作表現をするために必要な，音楽を形づくっている要素の働きを変化させ，変奏をする技能を身に付け，創作で表している。（創作） 知② 「六つの変奏曲」の曲想と音楽の構造との関わりについて理解している。（鑑賞）	思① 旋律を知覚し，その働きを感受しながら，知覚したことと感受したこととの関わりについて考え，どのように音楽をつくるかについて表現意図をもっている。（創作） 思② 旋律を知覚し，その働きを感受しながら，知覚したことと感受したこととの関わりについて考えるとともに，曲に対する評価とその根拠，及び自分にとっての音楽の意味や価値について考え，音楽のよさや美しさを自ら味わって聴いている。（鑑賞）	態 旋律の変化と雰囲気の変化との関わりに関心をもち，主体的・協働的に創作と鑑賞の学習活動に取り組もうとしている。（創作・鑑賞）

4　指導と評価の計画（全4時間）

時	◆ねらい　○学習内容　・学習活動	知・技	思	態
		〈　〉内は評価方法		
1	◆曲想の変化が音楽を形づくっている要素の働きによって生み出されることを捉える。 ○「変奏」及び「変奏曲」について知り，変奏による曲想の変化を捉えながら「六つの変奏曲」を聴く。 　・「六つの変奏曲」を聴き，全体が七つの部分（主題と六つの変奏）によって構成されていることを確認する。 　・「変奏」及び「変奏曲」についての教師の説明を聞く。 　・「六つの変奏曲」を，変奏によって曲想がどのように変化しているかに着目して再度聴き，感じ取ったことをワークシートⅠに記述する。 ○曲想の変化と音楽を形づくっている要素の働きの変化との関わりについて知る。 　・譜例を見ながら「ちゅうりっぷ」（冒頭4小節）の変奏例を，曲想がどのように変化しているかに着目して聴き，感じ取ったことをワークシートⅡに記述する。			

【譜例】

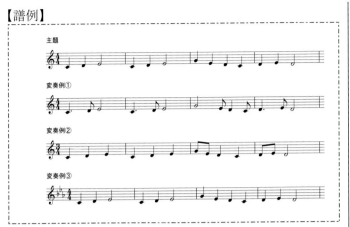

・感じ取った曲想の変化が，音楽を形づくっている要素の働きのどのような変化によって生まれているかを聴き取り，気付いたことをワークシートⅡに記述する。
・ペアやグループで意見を交換し，自分の意見との共通点や相違点について整理する。

2 | ◆音楽を形づくっている要素の働きを様々に変化させながら曲想の変化との関連を捉え，創作へのイメージをもつ。

○「ちゅうりっぷ」の旋律の音の連ね方を様々に変化させ，曲想の変化を捉える。
・音楽ソフトの使用方法について教師の説明を聞く。
・スクリーンに表示された譜例を見ながら「ちゅうりっぷ」（冒頭4小節）の旋律に音を加えたり音高を変化させたりした教師の演奏を聴き，曲想の変化について感じ取ったことをワークシートⅡに記述する。

【譜例】

・スクリーンの譜例や，第1時の変奏例①～③を参考にしながら，音楽ソフトを用いて旋律を自由に変化させ，曲想がどのように変化するかを試す。
・変化させた旋律をペアやグループで聴き合い，それぞれのよさについて感じたことを伝え合う（発表は音楽ソフトの自動演奏機能を使用する）。

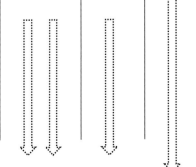

○「かっこう」を主題とした変奏を創作するためのイメージを
もつ。
・「かっこう」の旋律をどのように変奏をしたいかをイメージして，ワークシートⅢの「アイディアシート」に記述する。
・音楽ソフトを用いて「かっこう」の音楽を形づくっている要素の働きの変化を試しながら，表したいイメージを音楽で表現するためには，旋律をどのように変化させたらよいかを考え，「アイディアシート」に記述する。

3

◆「アイディアシート」を基に，表したいイメージを深めたり広げたりしながら，音楽で表現できるように変奏をする。

○前時に記述した「アイディアシート」を踏まえ，表したいイメージに合うように試行錯誤しながら変奏をする。
・音楽ソフトを用いて音楽を形づくっている要素の働きを変化させながら，曲想の変化を様々に試す。
・つくりながら表現意図が深まったり，新たな表現意図をもったりした場合には，「アイディアシート」の記述を赤ペンで加筆・修正する。
・つくった変奏を再生して聴きながら，表したいイメージが音楽で表現できているかを確認する。
・つくった変奏がイメージと異なったり，十分な曲想の変化が感じられなかったりした場合は，どのような修正や改善が必要かを考え，さらに音の連ね方を試す。
○表したいイメージをより明確に表現するために創意工夫を重ねる。
・つくった変奏をペアやグループで聴き合い，表したいイメージがより明確に伝わる表現にするためにはどのような修正や改善が考えられるか，意見やアドバイスを伝え合う。
・意見やアドバイスを聞いて，修正したい点や改善したい点について考え，新たに構想したことをワークシートⅢに整理するとともに，音楽ソフトを用いて試しながら，さらに工夫を重ねる。その際，修正前の変奏と修正後の変奏をそれぞれ保存しながら行う。
○「六つの変奏曲」を聴いて感じたことを想起しながら，グループで変奏曲風につなげて発表するための配列を考える。
・グループ内でつくった変奏を聴き合い，各変奏の特徴を踏まえながら，どのように配列して発表するのがよいか話し合う。
・実際に配列を様々に替えながら聴き，各変奏のよさの伝わり方について意見を交換する。

評価の場面Ⅰ

思①

（創作）〈ワークシートⅢ〉〈観察〉

4

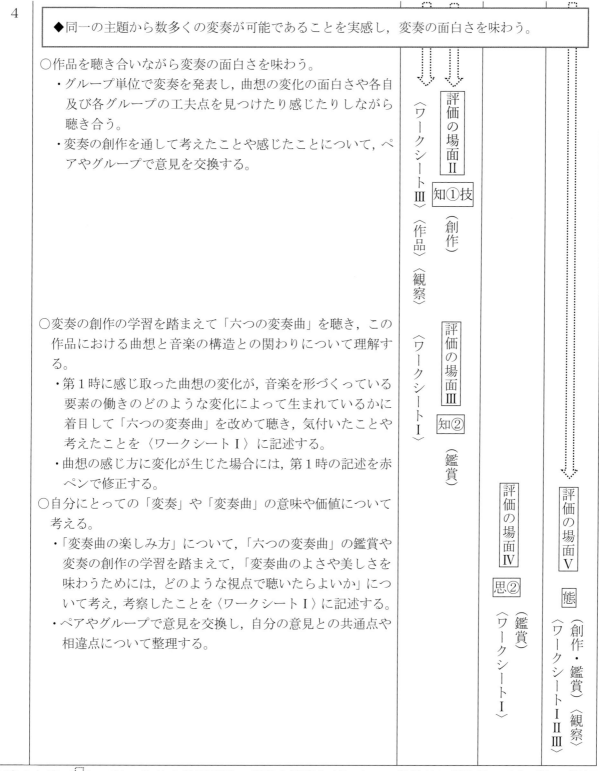

◆同一の主題から数多くの変奏が可能であることを実感し，変奏の面白さを味わう。

○作品を聴き合いながら変奏の面白さを味わう。
・グループ単位で変奏を発表し，曲想の変化の面白さや各自及び各グループの工夫点を見つけたり感じたりしながら聴き合う。
・変奏の創作を通して考えたことや感じたことについて，ペアやグループで意見を交換する。

評価の場面Ⅱ
知①技
（創作）
〈ワークシートⅢ〉〈作品〉〈観察〉

○変奏の創作の学習を踏まえて「六つの変奏曲」を聴き，この作品における曲想と音楽の構造との関わりについて理解する。
・第1時に感じ取った曲想の変化が，音楽を形づくっている要素の働きのどのような変化によって生まれているかに着目して「六つの変奏曲」を改めて聴き，気付いたことや考えたことを〈ワークシートⅠ〉に記述する。
・曲想の感じ方に変化が生じた場合には，第1時の記述を赤ペンで修正する。

評価の場面Ⅲ
知②
（鑑賞）
〈ワークシートⅠ〉

○自分にとっての「変奏」や「変奏曲」の意味や価値について考える。
・「変奏曲の楽しみ方」について，「六つの変奏曲」の鑑賞や変奏の創作の学習を踏まえて，「変奏曲のよさや美しさを味わうためには，どのような視点で聴いたらよいか」について考え，考察したことを〈ワークシートⅠ〉に記述する。
・ペアやグループで意見を交換し，自分の意見との共通点や相違点について整理する。

評価の場面Ⅳ
思②
（鑑賞）
〈ワークシートⅠ〉

評価の場面Ⅴ
態
（創作・鑑賞）
〈ワークシートⅠⅢ〉〈観察〉

※表の矢印（　）では，生徒の学習活動の状況を観察などによって継続的に見取り，それぞれの評価を記録に残す場面で総括的に評価する。

＜参考：資質・能力の育成を目指す題材構想の考え方＞

　本題材では，導入として第1時に「六つの変奏曲」を聴いて「変奏」や「変奏曲」について知り，音楽を形づくっている要素の働きをどのように変化させると，音楽の雰囲気がどのように変化するかを試しながら確認する活動を切り口として創作の学習へと移行する。そして，まとめとして第4時に再び「六つの変奏曲」を聴き，曲想と音楽の構造との関わりについて理解するとともに，「変奏曲の楽しみ方」という視点から，自分にとっての音楽の意味や価値について考察する。本題材での鑑賞の学習では，「知識」を習得する学習と「思考力，判断力，表現力等」を育成する学習とを，同一の作品を聴くことによって展開し，一題材として学習にまとまりをもたせている。

　一方，最後の「変奏曲の楽しみ方」について考察する場面で，変奏の手法を用いて作曲された他の作品を教材として用いることも考えられる。授業は，教材として用いた音楽について学習する（教材を学ぶ）だけではなく，その教材を用いた学習を通して資質・能力を身に付ける（教材を通して学ぶ）ものである。また，そこで身に付けた資質・能力は，生徒のその後の人生における音楽との関わりをより豊かに幅広くするものである。したがって，ある教材を用いた学習で身に付けた資質・能力は，他の音楽と関わる際にも活用できるものにすることを念頭に置いた指導を心がけたい。

5　観点別学習状況の評価の進め方
（1）題材の評価規準の設定

　本事例では，（a）～（c）のような手順で題材の評価規準を設定した。

（a）該当科目の目標を踏まえた評価の観点及びその趣旨を確認する。

【音楽Ⅰの観点の趣旨】

観点	知識・技能	思考・判断・表現	主体的に学習に取り組む態度
趣旨	・曲想と音楽の構造や文化的・歴史的背景などとの関わり及び音楽の多様性について理解している。 ・創意工夫を生かした音楽表現をするために必要な技能を身に付け，歌唱，器楽，創作で表している。	音楽を形づくっている要素や要素同士の関連を知覚し，それらの働きを感受しながら，知覚したことと感受したこととの関わりについて考え，どのように表すかについて表現意図をもったり，音楽を評価しながらよさや美しさを自ら味わって聴いたりしている。	主体的・協働的に表現及び鑑賞の学習活動に取り組もうとしている。

（b）本題材で扱う学習指導要領の内容を明確にする。

音楽Ⅰ　A表現　（3）創作

　　ア　創作表現に関わる知識や技能を得たり生かしたりしながら，自己のイメージをもって創作表現を創意工夫すること。

　　イ　音素材，音を連ねたり重ねたりしたときの響き，音階や音型などの特徴及び構成上の特徴について，表したいイメージと関わらせて理解すること。

　　ウ　創意工夫を生かした創作表現をするために必要な，次の(ｱ)から(ｳ)までの技能を身に付ける

こと。

　　(ｳ) 音楽を形づくっている要素の働きを変化させ，変奏や編曲をする技能

音楽Ⅰ　　B鑑賞 (1) 鑑賞

　ア　鑑賞に関わる知識を得たり生かしたりしながら，次の(ｱ)から(ｳ)までについて考え，音楽の
　　よさや美しさを自ら味わって聴くこと。

　　(ｱ) 曲や演奏に対する評価とその根拠

　　(ｲ) 自分や社会にとっての音楽の意味や価値

　イ　次の(ｱ)から(ｳ)までについて理解すること。

　　(ｱ) 曲想や表現上の効果と音楽の構造との関わり

〔共通事項〕(1)

　　(本題材の学習において，生徒の思考・判断のよりどころとなる主な音楽を形づくっている要素：
　　「旋律」)

(ｃ) 第3編第1章の「2　題材の評価規準の作成のポイント」を参考に，本題材で扱う学習指導要
　　領の内容に置き換える。

知識・技能	思考・判断・表現	主体的に学習に取り組む態度
知① ~~音素材，~~(※1)音を連ね~~たり重ねたりした~~ときの響き~~，音階や音型などの特徴及び構成上の特徴~~について，表したいイメージと関わらせて理解している。(創作)	思① 旋律(※3)を知覚し，その働きを感受しながら，知覚したことと感受したこととの関わりについて考え，どのように音楽をつくるかについて表現意図をもっている。(創作)	態 旋律の変化と雰囲気の変化との関わりに関心をもち，(※4)主体的・協働的に創作と鑑賞の学習活動に取り組もうとしている。(創作・鑑賞)
技 創意工夫を生かした創作表現をするために必要な，音楽を形づくっている要素の働きを変化させ，変奏~~や編曲~~をする技能を身に付け，創作で表している。(創作)	思② 旋律(※3)を知覚し，その働きを感受しながら，知覚したことと感受したこととの関わりについて考えるとともに，~~曲や演奏~~に対する評価とその根拠，及び自分~~や社会~~にとっての音楽の意味や価値について考え，音楽のよさや美しさを自ら味わって聴いている。(鑑賞)	
知② 「六つの変奏曲」の(※2)曲想~~や表現上の効果~~と音楽の構造との関わりについて理解している。(鑑賞)		

※1：事項に示している内容のうち，本題材の学習で扱わない部分（二重消去線部分）については
　　削除した。

※2：教材名を挿入した。

※3：「音楽を形づくっている要素や要素同士の関連」の部分には，本題材の学習において生徒の思
　　考・判断のよりどころとなる主な音楽を形づくっている要素を適切に選択して記載した。

※4：文頭に，本題材の学習に粘り強く取り組んだり，自らの学習を調整しようとする意思をもっ

たりできるようにするために必要な，教材曲や曲種等の特徴，学習内容など，生徒に興味・関心をもたせたい事柄を記載した。

以上の手順で，本題材の評価規準を以下のように設定した。

知識・技能	思考・判断・表現	主体的に学習に取り組む態度
知① 音を連ねたときの響きや音型などの特徴について，表したいイメージと関わらせて理解している。（創作） 技 創意工夫を生かした創作表現をするために必要な，音楽を形づくっている要素の働きを変化させ，変奏をする技能を身に付け，創作で表している。（創作） 知② 「六つの変奏曲」の曲想と音楽の構造との関わりについて理解している。（鑑賞）	思① 旋律を知覚し，その働きを感受しながら，知覚したことと感受したこととの関わりについて考え，どのように音楽をつくるかについて表現意図をもっている。（創作） 思② 旋律を知覚し，その働きを感受しながら，知覚したことと感受したこととの関わりについて考えるとともに，曲に対する評価とその根拠，及び自分にとっての音楽の意味や価値について考え，音楽のよさや美しさを自ら味わって聴いている。（鑑賞）	態 旋律の変化と雰囲気の変化との関わりに関心をもち，主体的・協働的に創作と鑑賞の学習活動に取り組もうとしている。（創作・鑑賞）

〈参考〉

　本題材のように，複数の領域や分野を関連付けた題材を構想した場合，それぞれの領域・分野における「思考・判断・表現」の評価規準のうち，〔共通事項〕アに関すること（音楽を形づくっている要素の知覚・感受の部分）を一つにまとめて示し，各領域・分野の学習を相互に関連付ける共通の評価規準として設定することも考えられる。

　「題材の評価規準の作成のポイント」（46, 47 ページ参照）で示したように，「思考・判断・表現」の評価規準は，前半を〔共通事項〕アに関すること，後半を領域や分野の内容に関することで構成している。また，複数の領域や分野の関連を図った題材を構想する場合は，〔共通事項〕アにおける音楽を形づくっている要素（生徒の思考・判断のよりどころとなる主な音楽を形づくっている要素）を共通にすることによって一題材として成立する（高等学校学習指導要領解説芸術編 55 ページ参照）。

　上記を踏まえ，例えば本題材の場合には，創作と鑑賞の評価規準における「旋律の変化を知覚し，その働きを感受しながら，知覚したことと感受したこととの関わりについて考え」の部分を創作と鑑賞の両方の学習に係る評価規準として一つにまとめ，以下のように評価規準を設定することもできる。

思①	旋律を知覚し，その働きを感受しながら，知覚したことと感受したこととの関わりについて考えている。（創作・鑑賞）
思②	どのように音楽をつくるかについて表現意図をもっている。（創作）
思③	曲に対する評価とその根拠，及び自分にとっての音楽の意味や価値について考え，音楽のよさや美しさを自ら味わって聴いている。（鑑賞）

（2）題材全体の学習指導における評価の位置付け

題材全体の学習指導		評価の位置付け		
		評価の観点と主な評価の対象		
時	主な学習内容	知識・技能	思考・判断・表現	主体的に学習に取り組む態度
1	・変奏による曲想の変化を捉えながら「六つの変奏曲」を聴く。 ・曲想の変化と音楽を形づくっている要素の働きの変化との関わりについて知る。			
2	・「ちゅうりっぷ」の旋律の音の連ね方を様々に変化させ，曲想の変化を捉える。 ・「かっこう」を主題とした変奏を創作するためのイメージをもつ。			
3	・「アイディアシート」の記述内容を踏まえ，表したいイメージに合うように変奏をする。 ・表したいイメージをより明確に表現するために創意工夫を重ねる。 ・「六つの変奏曲」を聴いて感じたことを想起しながら，グループで変奏曲風につなげて発表するための配列を考える。		思① （創作）	
4	・作品を聴き合いながら変奏の面白さを味わう。 ・変奏の創作の学習を踏まえて「六つの変奏曲」を聴き，曲想と音楽の構造との関わりを結び付ける。 ・自分にとっての「変奏」や「変奏曲」の意味や価値について考える。	知①技 （創作） 知② （鑑賞）	思② （鑑賞）	態 （創作・鑑賞）

「知識・技能」については，創作の知識の習得に関する評価規準と創作の技能の習得に関する評価規準とを（ 知①技 （創作））第4時前半に位置付け，音を連ねたときの響きや音型などの特徴につい

ての理解の状況と，創意工夫を生かした表現で音楽をつくるために必要な技能の習得状況を組み合わせて評価することとした。また，鑑賞の知識の習得に関する評価規準（知②（鑑賞））を第4時後半に位置付け，曲想と音楽の構造との関わりについての理解の状況を評価することとした。

　「思考・判断・表現」については，創作の学習において育成する思考・判断・表現に関する評価規準（思①（創作））を第3時に位置付け，第2時から第3時までの学習において，どのような音楽をつくるかについて表現意図をもつ過程や結果の状況を評価することとした。鑑賞の学習において育成する思考・判断・表現に関する評価規準（思②（鑑賞））については第4時後半に位置付け，曲に対する評価とその根拠，及び自分にとっての音楽の意味や価値について考えている状況を評価することとした。

　「主体的に学習に取り組む態度」については，評価規準（態）を第4時に位置付け，第1時から第4時までの本題材の学習活動への取組の状況について総括的に評価することとした。「主体的に学習に取り組む態度」については，本題材の学習内容等に関心がもてるようにしながら，各時間の学習活動に粘り強く取り組もうとしているか，また，本題材の目標の実現に向けて自己の学習を調整しながら取り組もうとしているか等について継続的な把握に努め，適切な場面で総括的に評価することが求められる。

　実際の学習活動にあっては，これらの三つの観点に係る資質・能力は深く関わり合っている。例えば，曲想と音楽の構造との関わりについての理解は，第1時，第2時の学習が基盤となっている。また，そこでは〔共通事項〕アに相当する思考力，判断力，表現力等がその支えとなっている。したがって，教師は，生徒の状況を常に把握しながら授業を進め，様々な状況に応じた工夫のある指導を行い，生徒一人一人にとって学習が充実するように努めることが大切である。

　このように，生徒の状況を常に把握し，工夫のある指導を十分に行う中で，評価規準に基づいて生徒一人一人の状況をA・B・Cで判断し，その結果を記録に残す。

6　観点別学習状況の評価例
（1）評価の場面Ⅰにおける〈思考・判断・表現〉①（創作）の評価例
○主な学習活動

・どのような変奏にしたいかをイメージするとともに，表したいイメージを音楽で表現するためには，旋律をどのように変化させたらよいかを考え，「アイディアシート」に記述する。

・つくった変奏をペアやグループで聴き合い，曲想の変化をより明確に表現するためにはどのような工夫が考えられるか，意見やアドバイスを伝え合う。

・意見やアドバイスを聞いて，修正したい点や工夫を重ねたい点についてワークシートⅢに整理するとともに，さらに音の連ね方などを試す。

○評価規準

　旋律を知覚し，その働きを感受しながら，知覚したことと感受したこととの関わりについて考え，どのように音楽をつくるかについて表現意図をもっている。

○評価方法及び「おおむね満足できる」状況（B）と判断するポイント

〈ワークシートⅢ〉

　「かっこう」の音楽の特徴について，知覚したことと感受したこととを関わらせながら整理した上で，表したいイメージと関わらせて音楽を形づくっている要素の働きをどのように変化させ，どのように曲想を変化させるかについて，おおむね妥当な内容を書いているかを判断する。

〈観察〉

　「アイディアシート」に変奏で表したいイメージや表現意図を記述する場面や，グループで交換した意見やアドバイスを踏まえながら，修正したり工夫を重ねたりすることについてワークシートに記述する場面における生徒の活動の様子，発言やつぶやきなどを観察し，ワークシートの記述からは判断することが難しい側面を補完できるようにする。

　下記例の生徒は，表したいイメージをもち，そのイメージを音楽で表すためには，主題の旋律をどのように変化させればよいかについて，リズムの変化に着目しながら「アイディアシート」に記述している。

　また，友達からの意見やアドバイスを聞き，修正したり工夫を重ねたりしたいと考えたことについておおむね妥当な内容を記述している。

　以上のことから「おおむね満足できる」状況（B）と判断することができる。

【ワークシートⅢの記述例】

アイディアシート

♪どのような曲想の変奏にしたいかイメージしよう	♪左のイメージを表すためには，旋律をどのように変化させたらよいだろう？
落ち着きのないかっこう	落ち着きのなさを表すために「カッコウ（ソ・ミ）」の四分音符を八分音符に分割して回数を増やす（ソ・ミ　ソ・ミ　ソ・ミ…）。

★友達の意見やアドバイスを聞いて，修正したり工夫を重ねたりしたいと考えたことについて整理しよう。

> 5～8小節目でも「落ち着きのなさ」を表せるように，音をさらに加えて旋律に動きをつけたい。

○「十分満足できる」状況（A）の例

　下記例の生徒は，表したいイメージをもち，そのイメージを音楽で表すためには，旋律をどのように変化させればよいかについて，主題の旋律の特徴を踏まえながら複数の視点から「アイディアシート」に具体的に記述している。

また，友達からの意見やアドバイスを聞き，修正や工夫の具体的な方法等にも触れながら詳細に記述している。

以上のことから「十分満足できる」状況（A）と判断することができる。

【ワークシートⅢの記述例】

アイディアシート	
♪どのような曲想の変奏にしたいかイメージしよう	♪左のイメージを表すためには，旋律をどのように変化させたらよいだろう？
３拍子を生かして，優雅に踊るような感じに変奏をする。	・リズムが単調なので，動きのあるリズムにする。 ・順次進行が多いので，跳躍進行を所々に取り入れる。 ・繰り返しが多いので，少しずつパターンを変える。

★友達の意見やアドバイスを聞いて，修正したり工夫を重ねたりしたいと考えたことについて整理しよう。

・「かっこう」の原形がもう少しはっきり分かったほうがよい。→１小節目の「ソミ」はそのまま残して，２小節目で変化させる。
・「優雅さ」がもっと出せるとよい。→リズムを動かし過ぎ？

○「努力を要する」状況（C）と判断されそうな生徒への働きかけの例

表したいイメージはもっているが，それを具体的な表現意図へと結び付けることができず，「アイディアシート」への記述の段階で活動が停滞している場合には，「ちゅうりっぷ」の変奏例を参考にしながら，音楽を形づくっている要素の働きの変化によって，イメージにどのような変化が生じたかを再確認させる。その上で「かっこう」の旋律がどのような特徴をもっているかを確認し，リズム，拍子，調性などを変化させることによって，曲想がどのように変化するかを想像させるなどしながら，イメージと表現意図とを関連付けられるよう促す。

また，つくった変奏をペアやグループで聴き合う場面において，自分の変奏に生かせそうなことはないかを問うなど，教師との対話を通して，自分の変奏の見直しを図ることができるよう促す。

（2）評価の場面Ⅱにおける〈知識・技能〉（「知識①」（創作）及び「技能」（創作））の評価例
○主な学習活動
・音楽ソフトを用いて「ちゅうりっぷ」の音楽を形づくっている要素の働きを変化させながら，曲想の変化を様々に試す。
・音楽ソフトを用いて「かっこう」の音楽を形づくっている要素の働きを変化させながら，曲想の変化を様々に試す。
・つくった変奏を再生して聴きながら，表したいイメージが音楽で表現できているかを確認し，イメージと異なったり，十分な曲想の変化が感じられなかったりした場合は，どのような工夫が必

要かを考え，さらに試す。
- ペアやグループでつくった変奏を聴き合い，意見やアドバイスを伝え合う。
- グループでつくった変奏を聴き合い，各変奏の特徴を踏まえながら配列を考え，変奏曲風につなげて発表する。

○評価規準
- 音を連ねたときの響きや音型などの特徴について，表したいイメージと関わらせて理解している。（知識）
- 創意工夫を生かした創作表現で音楽をつくるために必要な，音楽を形づくっている要素の働きを変化させ，変奏をする技能を身に付け，創作で表している。（技能）

○評価方法及び「おおむね満足できる」状況（B）と判断するポイント
〈ワークシートⅢ〉〈作品〉
　音楽を形づくっている要素の働きを変化させる知識及び技能について学習した内容が作品に表れているかを判断する。
〈観察〉
　音楽ソフトを用いて「ちゅうりっぷ」や「かっこう」の旋律を様々に変化させる場面や，グループで変奏を聴き合い，感想やアドバイスを伝え合ったり，それぞれの変奏の特徴を踏まえながら，発表の際の配列を考えたりする場面における生徒の活動の様子，発言やつぶやきなどを観察し，作品からは判断することが難しい側面を補完できるようにする。

　下記例の生徒は，音を連ねたときの響きや音型などの特徴について，表したいイメージと関わらせて理解し，「アイディアシート」に記述した音楽を形づくっている要素の働きを適切に変化させながら変奏をしている様子を作品から見取ることができる。
　以上のことから「おおむね満足できる」状況（B）と判断することができる。

【ワークシートⅢの記述例】

アイディアシート

♪どのような曲想の変奏にしたいかイメージしよう	♪左のイメージを表すためには，旋律をどのように変化させたらよいだろう？
かっこうの雛がせわしなく動き回る様子	・拍子を２拍子にする。 ・八分音符に分割して音の動きを多くする。

★友達の意見やアドバイスを聞いて，修正したり工夫を重ねたりしたいと考えたことについて整理しよう。
- ４小節目の二分音符も分割して音を動かす。

【作品（音楽ソフトでつくった変奏の冒頭４小節を楽譜で表したもの）】

○「十分満足できる」状況（Ａ）の例

　下記例の生徒は，音を連ねたときの響きや音型などの特徴について，表したいイメージと関わらせて理解し，「アイディアシート」に記述した音楽を形づくっている要素を様々に変化させながら変奏をしている様子を作品から見取ることができる。

　また，「アイディアシート」に記述したこと以外にも，様々な音楽を形づくっている要素を変化させ，曲想の変化を捉えながら創作している様子が観察された。

　以上のことから「十分満足できる」状況（Ａ）と判断することができる。

【ワークシートⅢの記述例】

アイディアシート

♪どのような曲想の変奏にしたいかイメージしよう	♪左のイメージを表すためには，旋律をどのように変化させたらよいだろう？
陣地を取り合い闘っている２羽のかっこう	・短調にして緊迫した雰囲気を出す。 ・３拍子だと優雅な感じがしてしまうので４拍子にする。 ・鳴き声（ソ・ミ）は，変化させずにあえてそのまま残す（かっこうが自分の存在を主張する）。

★友達の意見やアドバイスを聞いて，修正したり工夫を重ねたりしたいと考えたことについて整理しよう。

> ・１小節目と２小節目が同じだとつまらないので少し変化させては？
> 　→「ソ・ミ」は変えずに，３拍目，４拍目で違いを出す。

【作品例（音楽ソフトでつくった変奏の冒頭４小節を楽譜で表したもの）】

○「努力を要する」状況（C）と判断されそうな生徒への働きかけの例

　表したいイメージはもっているが，それを変奏によって表現するためにはどうしたらよいか見通しがもてずに活動が停滞している場合には，第1時に学習した「ちゅうりっぷ」の変奏例を参考に，「かっこう」の冒頭4小節の旋律についてもリズム，拍子，調性を変化させたり，旋律に音を加えたりさせる。その上で，イメージがどのように変化したかを問うなどしながら，音を連ねたときの響きや音型などの特徴について，表したいイメージと関わらせた理解を促すとともに，どのように音楽を形づくっている要素の働きを変化させるかについて見通しをもたせる。

（3）　評価の場面Ⅲ　における〈知識・技能〉（「知識②」（鑑賞））の評価例
○主な学習活動
・変奏の創作で考えたことや感じたことなどを踏まえて「六つの変奏曲」を聴き，第1時に感じ取った曲想の変化が，どの音楽を形づくっている要素の働きのどのような変化によって生まれているかを聴き取り，〈ワークシートⅠ〉に記述する。

○評価規準
　「六つの変奏曲」の曲想と音楽の構造との関わりについて理解している。

○評価方法及び「おおむね満足できる」状況（B）と判断するポイント
〈ワークシートⅠ〉
　「六つの変奏曲」おける曲想の変化と，音楽を形づくっている要素の働きの変化との関連付けについて，おおむね妥当な内容を書いているかを判断する。

　下記例の生徒は，「曲想の変化」と「音楽を形づくっている要素の働きの変化」との関わりについて，本題材で学習したことを踏まえながら分かったことや気付いたことを書いている。以上のことから，「おおむね満足できる」状況（B）と判断することができる。

○「六つの変奏曲」を，変奏によって曲想がどのように変化しているかに着目して再度聴き，感じ取ったことを下表の①欄に書こう。（第1時）
○「六つの変奏曲」を，第1時に感じ取った曲想の変化が，音楽を形づくっている要素の働きのどのような変化によって生まれているかに着目して再度聴き，気付いたことや考えたことを左表の②欄に書こう。（第4時）

	① 曲想の変化	② ①の変化を生み出した音楽を 形づくっている要素の働きの変化
第1変奏	なめらかで流れるような感じになった。	右手の旋律の音符が細かくなった。
第2変奏	力強い感じになった。	左手の動きが細かくなった。低音が使われている。
第3変奏	軽快な感じになった。	旋律が途切れるような感じに変わった。
第4変奏	暗い。	短調になった。
第5変奏	一気に明るく楽しげな感じになった。	全体的に音が高くなった。
第6変奏	優しい感じ。	同じリズムが続いている。

○「十分満足できる」状況（A）の例

　下記例の生徒は，「曲想の変化」と「音楽を形づくっている要素の働きの変化」との関わりについて，本題材で学習したことを踏まえながら分かったことや気付いたことを，具体例を挙げて詳細に書いている。また，右手の動きと左手の動きに着目し，曲想の変化を旋律の変化とテクスチュアの変化から捉えたり，前後の変奏との関係に着目し，曲全体を俯瞰しながら曲想を捉えたりしていることが見取れる。

　以上のことから，「十分満足できる」状況（A）と判断することができる。

【ワークシートⅠの記入例】

○「六つの変奏曲」を，変奏によって曲想がどのように変化しているかに着目して再度聴き，感じ取ったことを下表の①欄に書こう。（第1時）

○「六つの変奏曲」を，第1時に感じ取った曲想の変化が，音楽を形づくっている要素の働きのどのような変化によって生まれているかに着目して再度聴き，気付いたことや考えたことを左表の②欄に書こう。（第4時）

	① 曲想の変化	② ①の変化を生み出した音楽を 形づくっている要素の働きの変化
第1変奏	主題が聞こえるようで聞こえない。ゆったりとしつつ，スピード感がある感じ。	右手…旋律の音を中心に十六分音符で細かく動いている。 左手…動きが少なくなった。
第2変奏	ダイナミックな感じ。主題がはっきりと聞こえるようになった。	右手…主題のリズムが復活した。 左手…十六分音符で音階のように上下する。
第3変奏	これまでの流れるような感じと異なり，躍動感が感じられる。	旋律がアルペッジョに変化した。リズムが途切れ途切れな感じ。
第4変奏	第3変奏とは対照的で，悲哀感が漂っている。	短調，テンポもこれまでより少し遅い。
第5変奏	再び第4変奏と対照的。小さい動物が動き回っているように聞こえる。	右手…細かい動きで上下する。 左手…主題を演奏 全体的に高い音域で演奏される。
第6変奏	せわしなく落ち着きがない感じに聞こえる。とりとめがない感じ？	右手も左手も十六分音符で音がせわしなく動く。リズムは単調であまり変化しない。

○「努力を要する」状況（C）と判断されそうな生徒への働きかけの例

　曲想の変化については感じ取ることができているが，その変化を音楽を形づくっている要素の働きの変化と関連付けることができずに活動が停滞している場合には，六つの変奏のうちのいずれか一つの変奏に焦点を当て（例えば，短調に転調し，テンポも緩やかになる第4変奏などが分かりやすい），思考・判断のよりどころとなる主な音楽を形づくっている要素（本題材では「旋律」）の働きに意識を向けられるようにする。

　感じ取ったり聴き取ったりしたことを言葉で記述することに困難を感じている生徒には，曲想や音楽を形づくっている要素の働きの変化を表す言葉について具体的に例示するなどし，記述を促す。

（4）評価の場面Ⅳにおける〈思考・判断・表現〉②（鑑賞）の評価例

○主な学習活動

・鑑賞及び創作の学習を踏まえ，「変奏曲の楽しみ方」というテーマについて「変奏曲のよさや美しさを味わうためには，どのような視点で聴いたらよいか」という視点で考え，〈ワークシートⅠ〉

に記述する。

○評価規準

　旋律を知覚し，その働きを感受しながら，知覚したことと感受したこととの関わりについて考えるとともに，曲に対する評価とその根拠，及び自分にとっての音楽の意味や価値について考え，音楽のよさや美しさを自ら味わって聴いている。

○評価方法及び「おおむね満足できる」状況（B）と判断するポイント

〈ワークシートⅠ〉

　変奏の創作を通して考えたことや感じたことを踏まえ，「六つの変奏曲」を再度聴き，「変奏曲」という音楽ジャンルの自分にとっての意味や価値について，音楽を形づくっている要素の働きの変化による曲想の変化の面白さという視点から考え，おおむね妥当な内容を書いているかを判断する。

　下記例の生徒は，変奏曲の面白さを「音楽を形づくっている要素の働きの変化」と「雰囲気の変化」という視点で捉え，その楽しみ方について考えることを通して，自分にとっての意味や価値を見いだしていることが記述からうかがえる。

　以上のことから，「おおむね満足できる」状況（B）と判断できる。

【ワークシートⅠの記入例】

> ○鑑賞及び創作の学習を踏まえ「変奏曲のよさや美しさを味わうためには，どのような視点で聴いたらよいか」について自分の考えを書こう。
>
> > 　もとはひとつの旋律なのに，音楽を形づくっている要素の働きを変化させることで，雰囲気が次々と変化していくのが変奏曲の面白いところだと思う。ただ雰囲気が変わっていくのを楽しむだけでなく，何が雰囲気を変えているのかを考えながら聴くと，より深く楽しめるのではないかと思った。

○「十分満足できる」状況（A）の例

　下記例の生徒は，変奏曲の面白さについて「音楽を形づくっている要素の働きの変化」と「雰囲気の変化」との関わりを景色や風景の変化に例えながら，その楽しみ方について考え，自分にとっての意味や価値として実感を伴いながら受け止めていることが記述からうかがえる。

　以上のことから，「十分満足できる」状況（A）と判断できる。

【ワークシートⅠの記入例】

> ○鑑賞及び創作の学習を踏まえ「変奏曲のよさや美しさを味わうためには，どのような視点で聴いたらよいか」について自分の考えを書こう。
>
> > 　ひとつの曲の中で，明るくなったり暗くなったり，感じや印象が変化する曲はたくさんあるけれど，それが同じ旋律が変化してできているところが変奏曲の面白さだと思う。

第3編
事例

> 電車の窓から見た景色が次々と変化するというのではなく，同じ風景が日差しの角度や雲の影などで刻々と変化していくのを見ているのに似ている。「変わっていくようで変わっていない」のが変奏曲のよさで，それを楽しむのが変奏曲の楽しみ方なんだと思う。

○「努力を要する」状況（C）と判断されそうな生徒への働きかけの例

　変奏曲のよさや美しさを味わいながら聴くことはできているが，自分にとっての意味や価値について考えたり記述したりすることに困難を感じて活動が停滞している生徒に対しては，鑑賞及び創作の学習を通してどのようなことを考えたり感じたりしたかについて，教師との対話を通して振り返らせる。また，「六つの変奏曲」を第1時に聴いたときと第4時に聴いたときの気付きや感じ取りの変化について問うなどし，実際に変奏の面白さを体験したことによって生じた音楽の聴き方や味わい方の変化について思考するよう促す。

（5）評価の場面Ⅴにおける〈主体的に学習に取り組む態度〉（創作・鑑賞）の評価例
○主な学習活動

第1時	・「変奏」及び「変奏曲」についての説明を聴き，「六つの変奏曲」の曲想の変化を感じ取りながら聴く。 ・「ちゅうりっぷ」の変奏例を聴き，曲想の変化と音楽を形づくっている要素の働きの変化とを関連付ける。
第2時	・音楽ソフトを用いて「ちゅうりっぷ」の旋律を様々に変化させ，曲想の変化を感じ取る。 ・「かっこう」を主題とした変奏の表したいイメージをもち，どの音楽を形づくっている要素の働きをどのように変化させるかを考える。
第3時	・音楽ソフトを用いて「かっこう」の音楽を形づくっている要素の働きを変化させる。 ・グループでつくった変奏を聴き合い，交換した意見やアドバイスを踏まえて修正したりさらに工夫を重ねたりする。 ・グループで各自がつくった変奏の特徴を踏まえ，発表に向けて配列を考える。
第4時	・作品を聴き合いながら，それぞれの作品のよさや面白さを感じ取る。 ・「六つの変奏曲」を再度聴き，曲想の変化と音楽を形づくっている要素の変化とを関連付ける。 ・変奏の創作の学習を踏まえ，「変奏曲の楽しみ方」について考える。

○評価規準

　旋律の変化と雰囲気の変化との関わりに関心をもち，主体的・協働的に創作と鑑賞の学習活動に取り組もうとしている。

○評価方法及び「おおむね満足できる」状況（B）と判断するポイント
〈観察〉

　各時の学習活動において，以下のような場面での生徒の活動の様子，発言やつぶやきなどを観察する。

●第1時
・「六つの変奏曲」の曲想の変化を感じ取る場面で，感じ取ったことを自分の言葉でワークシートに記述したり他者に伝えたりしようとしているか。

・「ちゅうりっぷ」の変奏例における曲想の変化と音楽を形づくっている要素の働きの変化との関わりを捉える場面で，他者の意見を聞いて自分の意見との共通点や相違点を見つけようとしているか。

●第2時

・音楽ソフトを用いて「ちゅうりっぷ」の旋律を変化させる場面で，実際に音を出して様々に試しながら曲想の変化を感じ取ろうとしているか。

・グループでの発表の場面で，自分の変奏で工夫した点や他者の変奏のよさなどに着目しながら意見を伝えようとしているか。

・「かっこう」の変奏を創作するための「アイディアシート」を作成する場面で，実際に音に出して試しながらイメージをもとうとしているか。

●第3時

・「かっこう」の変奏を創意工夫する場面で，実際に音を出して様々に試しながらイメージに合った変奏をつくろうとしているか。

・グループでの発表の場面で，他者の変奏について表したいイメージと関わらせながら意見やアドバイスを伝えたり，自分の変奏について創意工夫の方向性を見いだそうとしたりしているか。

・グループで発表の配列を考える場面で，各変奏に見られる類似点や相違点などの特徴を捉えながら意見を述べようとしているか。

●第4時

・変奏の創作を通して考えたことや感じたことをペアやグループで意見交換する場面で，「変奏をつくる楽しさや面白さ」という観点で意見を述べようとしているか。

・曲想と音楽の構造とを関わらせながら「六つの変奏曲」を聴く場面で，変奏の創作で経験したり学習したりしたことを踏まえながらワークシートに記述しようとしているか。

・「変奏曲の楽しみ方」について考える場面で，変奏の創作を通して考えたことや感じたことを踏まえながら意見を述べようとしているか。

・「変奏曲の楽しみ方」についてペアやグループで意見交換する場面で，他者の意見を聞いて自分の意見との共通点や相違点を見つけようとしているか。

〈ワークシートⅠ，Ⅱ，Ⅲ〉

　ワークシートの記述内容から，生徒が知識及び技能を得たり，思考力，判断力，表現力等を身に付けたりすることに向けて，粘り強く取り組んでいるかや，自らの学習を調整しながら学習を進めようとしているかについて評価し，観察では見取ることができなかった生徒の取組の状況を補完的に扱いながら，第4時に総括的に評価する。

　なお，ワークシートⅠの「学習の振り返り」には，「頑張ったこと，進歩したこと，難しかったこと，次に頑張りたいこと（第4時では，これからの学習や生活に生かしたいこと）」など，各時間の自己の学習を振り返り，自らのよかった点や改善点等について記述することや，次の学習に見通しをもって取り組めるような内容を記述することをあらかじめ指導する。また，自己評価に関する記述内容がそのまま学習評価に結び付くものではなく，生徒が自らの学習状況を適正に捉えることができているかどうかが大切であるということについて，生徒と共通理解を図っておく。

　下記例の生徒は，「かっこう」の変奏で表したいイメージを記述したり，実際に音楽ソフトを用いて音楽を形づくっている要素の働きを変化させたりすることができず，活動がしばしば停滞する様子が観察された。しかしながら，第1時及び第2時の「学習の振り返り」には，自分の学習状況を分析し，できていることと難しさを感じていることとを整理して次時の学習に望んでいることがうかがえる記述が見られる。それらを踏まえ，「かっこう」の変奏の創作の場面では，教師の支援や他の生徒の意見やアドバイスを積極的に取り入れながら活動する様子が観察された。また，変奏を聴き合う場面では，他の生徒の変奏を聴きながら，そのアイディアを自分の創作にも取り入れようとする姿が観察された。「変奏曲の楽しみ方」についてのワークシートへの記述内容には不十分な面が見られたが，ペアやグループで変奏の創作について振り返る場面では，第1時よりも第4時のほうが「六つの変奏曲」のよさや美しさを味わいながら聴くことができたと発言し，創作及び鑑賞の学習によって，音楽を聴き深めている様子が観察された。

　以上のことから，「おおむね満足できる」状況（B）と判断することができる。

【ワークシートⅠの「各自の学習の振り返り」欄への記入例】

■学習の振り返り

頑張ったこと，進歩したこと，難しかったこと，次に頑張りたいことなどを書こう。

> （第1時）　「六つの変奏曲」は，初めは「ひとつの旋律が変化している」という意味が分からなかったけれど，「ちゅうりっぷ」の変奏例を聴いてようやく理解できた。

> （第2時）　「ちゅうりっぷ」の旋律を，段階を追って変化させていく説明は分かりやすくて理解できたが，いざ自分でやってみるとなると，何をどうすればいいのか分からなくて困った。「かっこう」を変奏できるか不安…でも頑張りたい。

> （第3時）　「かっこう」を4拍子にしようとしたけれど，うまくできずあきらめかけたが，先生や友達の助けを借りながら，何とか変奏をさせることができた。

頑張ったこと，進歩したこと，難しかったこと，これからの学習や生活に生かしたいことなどを書こう。

> （第4時）　これまで変奏の学習をしたおかげで，ベートーヴェンの変奏が最初よりも聴き取りやすかった。創作はもともと苦手だったが，チャレンジしてみて音楽の聴き方が進歩した気がする。

○「十分満足できる」状況（A）の例

　下記例の生徒は，第1時の学習で，リズム，拍子，調性などの音楽を形づくっている要素の働きを個々に変化させるだけでなく，同時に変化させることによって曲想がどのように変化するかを試すなど，発展的な課題をもちながら学習している様子がワークシートから見取ることができる。また，頑張ったことについて具体的な手立てに言及したり，難しいと感じたことなどについてその要因を考えながら記述したりして，自らの学習状況を把握するとともに，自己の学習を調整しながら取り組んでいることがうかがえる。

　ペアやグループで変奏を聴き合う場面では，自分の変奏について工夫した点とうまくいっていない点を他の生徒に伝えることによって課題を提供し，意見交換を活性化する様子が見られた。また，グ

ループ発表に向けて各変奏の配列を考える場面では，他の生徒の変奏の工夫点を細かく分析し，それぞれのよさを踏まえながら個々の変奏のよさを効果的に伝えることのできる配列を提案する様子が観察された。

以上のことから，「十分満足できる」状況（A）と判断することができる。

【ワークシートⅠ，Ⅱ，Ⅲの「学習の振り返り」欄への記入例】

> ■学習の振り返り
> 　頑張ったこと，進歩したこと，難しかったこと，次に頑張りたいことなどを書こう。
>
> | （第1時）　「ちゅうりっぷ」のような簡単な旋律の変化とは違って，ベートーヴェンは同時にいろいろな要素を変化させているので，曲想の変化を言葉で言い表すのは難しいと感じた。「ちゅうりっぷ」も一度にリズムと拍子と調を変化させたらどうなるのか試してみたい。 |
> | --- |
> | （第2時）　変奏のイメージがなかなか浮かばなかったので，先に「どの要素を変化させるのか」を考えてからイメージを考えてみた。「かっこう」はたった5つの音しか使っていないので，変奏によってかなり雰囲気が変わりそうで楽しみだ。 |
> | （第3時）　「ちゅうりっぷ」で試した方法を使って「かっこう」の旋律を変化させようとしたけれど，音をどのように変化させていいか分からず，結局いろいろ試して手探りで見付けるしかなかった。友達からは「なかなかいいよ」と言ってもらえたので嬉しかった。 |
>
> 　頑張ったこと，進歩したこと，難しかったこと，<u>これからの学習や生活に生かしたいこと</u>などを書こう。
>
> | （第4時）　もとは「かっこう」というひとつの曲なのに，全員違った変奏をつくっていたのを聴いて，変奏曲の可能性の大きさみたいなものにふれた気がした。ベートーヴェンが「かっこう」の変奏曲をつくっていたらどんな曲になっただろう…。いろいろな変奏曲を聴いてみたいと思った。 |
> | --- |

○「努力を要する」状況（C）と判断されそうな生徒への働きかけの例

　第1時で，「六つの変奏曲」及び「ちゅうりっぷ」の変奏の曲想の変化を感じ取る学習活動において意欲が減退している生徒に対しては，ワークシートの記述の様子を確認しながら，曲想の変化を感じ取ることができている部分と難しさを感じている部分を把握し，感じ取ったことについて適切な記述ができている部分については積極的に認めるとともに，難しさを感じている部分については，着眼点やキーワードを示すなど，生徒が無理なく取り組むことができるよう助言する。

　第2時及び第3時で，音楽ソフトを用いて「ちゅうりっぷ」及び「かっこう」の音楽を形づくっている要素の働きを様々に変化させる学習活動において意欲が減退している生徒に対しては，第1時の「ちゅうりっぷ」の変奏例における音楽を形づくっている要素の働きの変化と曲想の変化との関わりについて理解できている部分と難しさを感じている部分を，また，第2時の「ちゅうりっぷ」の旋律を自由に変化させる活動でうまくできている部分と難しさを感じている部分とをそれぞれ把握し，理解できている部分やうまくできている部分については積極的に認め，難しさを感じている部分については，着眼点やキーワードを示したり，変奏の手順の具体例を示したりするなど，生徒が無理なく取り組むことができるよう助言する。

第3時で，表したいイメージを明確に表現するために創作表現を創意工夫する学習活動において，活動が自分の創作表現を創意工夫することに向かっていない生徒に対しては，つくった変奏を聴きながら自分の作品のよい点ともの足りない点について，他の生徒と対話させながら気付かせたり，教師が生徒と対話しながら明確化させたりしながら，工夫できそうなポイントに気付かせ，学習の進め方などについて見通しがもてるようにする。

第4時で，創作や鑑賞の学習を踏まえて「六つの変奏曲」を再度聴き，よさや美しさを自ら味わって聴く場面で，活動が自分にとっての音楽の意味や価値について考えながら音楽を味わうことに向かっていない生徒に対しては，これまでの学習の中で「頑張ったこと」「進歩したこと」をワークシートで振り返りながら，学習を通して「変奏」という音楽ジャンルに対する考え方や捉え方がどのように変化してきたかを整理させるとともに，「難しかったこと」をどのように克服したかや，「次に頑張りたいこと」に向けてどのように取り組んだかを振り返り，変奏について学習したことを「自分自身」と関連付けながら意味付けたり価値付けたりできるようにする。その上で，それらの経験を踏まえて変奏曲をより深く味わって聴くためのポイントについて，ワークシートに記述するよう促す。

ワークシートの「学習の振り返り」を記述する際に，適正な自己評価ができていない生徒に対しては，本時の学習のねらいに沿って，振り返る内容を確認させ，本時の活動の様子について質問したり，その時間のワークシートへの記述などを見直すように助言したりするなどして，ねらいに沿った振り返りができるようにする。

なお，学習の調整に向けた取組のプロセスには生徒一人一人の特性があることから，特定の型に沿った学習の進め方を一律に指導することのないように配慮することが必要である。

7 観点別学習状況の評価の総括
（1） 題材における観点ごとの総括例
《知識・技能》

表現領域と鑑賞領域とを関連付けた題材においては，表現領域に「知識」の習得に関する評価規準（知）と「技能」の習得に関する評価規準（技），及び鑑賞領域に評価規準（知）を設定し，それぞれについて評価した上で，「知識・技能」の評価として総括する。

指導事項においては知識と技能とを分けて示しているが，本事例のように表現領域における創作分野の題材では，これらを組み合わせて評価することも考えられる。その後，鑑賞領域との評価結果を総括して「知識・技能」の評価をすることとなる。また，題材単位では，その学習内容等によって知識と技能とに軽重を付けることも考えられるが，その際は，一方に著しく偏ることがないようにすること，また年間を通じて知識と技能がバランスよく育成されることなどに留意する必要がある。

本事例では，第4時において創作の知①，技を組み合わせて見取るため，創作における知識・技能の評価規準（知①技）と鑑賞における知識の習得に関する評価規準（知②）とを「知識・技能」の評価として総括することになる。

総括の仕方については，次のア，イなどが考えられる。

ア　知①技の評価と知②の評価を同等に扱って総括する例
　・知①技，知②の評価が順に「A，A」，「A，B」，「B，A」の場合は，「A」と総括する。
　・知①技，知②がともに「C」の場合は，「C」と総括する。

・上記以外はすべて「B」と総括する。

イ　創作のみに「技能」の評価規準が設定されていることを踏まえ，知①技の評価を知②よりも重点を置いて総括する例

　　・知①技，知②の評価が順に「A，A」，「A，B」の場合は，「A」と総括する。

　　・知①技，知②の評価が順に「C，B」，「C，C」の場合は，「C」と総括する。

　　・上記以外はすべて「B」と総括する。

　なお，知①技と知②の総括が「C」の場合は，次の題材の指導等に生かすことができるような所見を残し，必要に応じて指導要録に記載できるようにする（「C」の場合の対応については，他の観点においても同様）。また，知①技，知②のいずれかに「C」があり，総括の評価結果が「B」の場合には，「C」と評価したものについて，次の題材の指導等に生かすことができるような所見を残し，必要に応じて指導要録に記載できるようにする。

　なお，鑑賞領域のみで構成した題材では，学習指導要領に「技能」に関する指導事項を示していないため，《知識・技能》の観点の評価は，「知識」のみの評価で総括することとなる。

第3編
事　例

《思考・判断・表現》

　本事例では，「思考・判断・表現」について，思①（〔共通事項〕アに関すること，及びそれを支えとして創作表現を創意工夫すること），思②（〔共通事項〕アに関すること，及びそれを支えとして音楽を味わって聴くこと）を設定しているため，「思①」及び「思②」をそれぞれ評価した上で，「思考・判断・表現」の評価として総括する（総括の方法については，《知識・技能》の説明を参照）。

　なお，60, 61ページの〈参考〉に示したように，表現領域と鑑賞領域とを関連付けた題材においては，それぞれの評価規準における「旋律を知覚し，その働きを感受しながら，知覚したことと感受したこととの関わりについて考え」の部分を創作と鑑賞の両方の学習に係る評価規準として一つにまとめて思①とし，〔共通事項〕アを支えとして，音楽表現の創意工夫することに関する評価規準を思②，〔共通事項〕アを支えとして，音楽を味わって聴くことに関する評価規準を思③として設定することもできる。本事例の場合には思①（〔共通事項〕アに関すること），思②（〔共通事項〕アを支えとして，創作表現を創意工夫すること），思③（〔共通事項〕アを支えとして，音楽を味わって聴くこと）の三つの評価規準を設定することもできる。この場合は思①と思②を創作の「思考・判断・表現」の評価として，思①と思③を鑑賞の「思考・判断・表現」の評価として，それぞれ総括することになる。

　総括の仕方については，次のア，イ，ウなどが考えられる。

・創作

　ア　思①，思②が順に「A，B」，「B，A」，「B，C」，「C，B」などのように，思①と思②の評価結果が異なる場合は，思②の評価結果を総括の結果とする。

　イ　思①が「A」，思②が「C」の場合には，「B」と総括する。

　ウ　思①が「C」，思②が「A」のように思②が思①を上回った場合は，学習の深まりや向上などを考慮して，思②の評価結果を総括の評価結果とする。

・鑑賞

　ア　思①，思③が順に「A，B」，「B，A」，「B，C」，「C，B」などのように，思①と思③の評価結果が異なる場合は，思③の評価結果を総括の結果とする。

イ 思①が「A」，思③が「C」の場合には，「B」と総括する。
ウ 思①が「C」，思③が「A」のように思③が思①を上回った場合は，学習の深まりや向上
　などを考慮して，思③の評価結果を総括の評価結果とする。

《主体的に学習に取り組む態度》

　本事例では，「主体的に学習に取り組む態度」について，態のように，一つの評価規準を設定して
いるため，その評価が総括の評価結果となる。

（2）学期や年間を見通した観点ごとの総括例

　学期や年間を見通した観点ごとの総括の方法には様々な考え方がある。ここでは，本題材を含む複
数の題材にわたる総括例を示す。

〈領域・分野〉題材名（時数）	題材の概要（主な教材）	学習指導要領の内容	評価の観点		
			知・技	思	態
〈表現・歌唱〉謡曲の発声の特徴を生かし，豊かな響きで謡おう（3時間）	言葉の特性と曲種に応じた発声との関わりを理解し，表現を工夫しながら謡う。（謡曲）	・「A表現」（1）ア，イ(イ)，ウ(ア)・〔共通事項〕（本題材の学習において，生徒の思考・判断のよりどころとなる主な音楽をつくっている要素：「声の音色」，「旋律(抑揚)」,「リズム(間)」）	A	A	B
〈鑑賞〉感情を音楽で表現する方法を比較しながら音楽のよさや美しさを味わおう（2時間）	音楽の特徴と文化的・歴史的背景との関わりを理解し，音楽表現の共通性や固有性について考えながら音楽のよさや美しさを味わう。（オペラ，歌舞伎）	・「B鑑賞」（1）ア(ウ)，イ(イ)・〔共通事項〕（本題材の学習において，生徒の思考・判断のよりどころとなる主な音楽をつくっている要素：「速度」,「旋律」,「強弱」）	C	B	B
本題材			B	B	A
〈表現・器楽〉奏法による音色の違いを生かしてギターを演奏しよう（8時間）	曲想と楽器の音色や奏法との関わりを理解し，表現を工夫しながら演奏する。（ギター独奏曲）	・「A表現」（1）ア，イ(イ)，ウ(ア)・〔共通事項〕（本題材の学習において，生徒の思考・判断のよりどころとなる主な音楽をつくっている要素：「音色」,「旋律」,「強弱」）	B	A	A
総括例→			B	A	A

この例では，観点ごとの各題材の評価結果について，「Ａ」の数と「Ｂ」の数が同数であった場合は，学期や年間を見通した総括を「Ａ」とするという考え方をとっている。

　この他にも，例えば，題材の目標，指導内容，配当時数などを勘案し，特に重視することが妥当と考えられる題材の評価結果に重み付けを行うなど，総括には様々な方法があるので，各学校において工夫することが望まれる。

※本事例のワークシートについて

　次ページに，本事例で使用したワークシートを掲載する。

　ワークシートには，①生徒が学習過程を時系列で把握できるように構成したもの，②生徒が学習内容のまとまりを把握できるように構成したものなどがあるが，本事例のように複数の領域・分野を関連付けた題材においては，各領域・分野ごとの学習内容や学習成果等を整理できるよう，②の構成によってワークシートを作成することが考えられる。

　このような構成でワークシートを作成した場合には，各時の学習の振り返りの記述欄を，一箇所にまとめて置くことが考えられる。これによって生徒は，毎時間の記入時に，前時までの自らの学習状況と本時の学習状況とを比較しやすくなり，学習を通して自分の考え方や感じ方，捉え方などにどのような変化が見られるか，前時に課題として記録したことに対して本時はどのように取り組み，どのようにその課題を解決したか，また，新たな課題はどのようなことで，次の時間にどのように学習に取り組んだらよいかなど，自己の学習を調整しながら進めていくことを促すことにつながる。

　教師にとっても，学習の振り返りの記述欄が一箇所にまとめて置かれていることによって，第1時から第4時までの生徒の試行錯誤の過程や成長の姿等を見取りやすくなり，主に「主体的に学習に取り組む態度」の評価資料として活用しやすくなることが考えられる。

　なお，ワークシートが複数枚に及ぶ場合には，学習の振り返りの記述欄を最初のシートに置く場合と，最後のシートに置く場合が考えられるが，本事例のように最初のシートに置くことにより，生徒が毎時間の学習の初めにも前時までの記述に目を通しやすくなり，課題を明確に意識しながら学習に取り組むことが期待できると考えられる。

変奏の面白さを味わおう　《ワークシートⅠ》

年　組　氏名

● ベートーヴェン作曲「パイジェッロの〈うつろな心〉の主題による六つの変奏曲」を聴こう

・変奏とは……主題の音楽を形づくっている要素の働きを変化させること
・変奏曲とは……主題と（複数の）変奏によって構成される楽曲

○「六つの変奏曲」が七つの部分（主題と六つの変奏）によって構成されていることを確認しながら聴こう。

○「六つの変奏曲」を、変奏によって曲想がどのように変化しているかに着目して曲想に書こう。
さ、感じ取ったことを下表の①欄に書こう。

	① 曲想の変化	② ①の変化を生み出した音楽を形づくっている要素の働きの変化
第1変奏		
第2変奏		
第3変奏		
第4変奏		
第5変奏		
第6変奏		

○「六つの変奏曲」を、第1時に感じ取った曲想の変化が、音楽を形づくっている要素のどのような変化によって生まれているかに着目して再度聴き、気付いたことや考えたことを左ページの②欄に書こう（「①曲想の変化」の感じ方に変化が生じた場合には、第1時の記述を赤ペンで修正しよう）。

● 「変奏の楽しみ方」について考えよう

○鑑賞及び創作の学習を踏まえ「変奏曲のよさや美しさを味わうためには、どのような視点で聴いたらよいか」について自分の考えを書こう。

■学習の振り返り
頑張ったこと、進歩したこと、難しかったこと、次に頑張りたいことなどを書こう。

（第1時）

（第2時）

（第3時）

頑張ったこと、進歩したこと、難しかったこと、これからの学習や生活に生かしたいことなどを書こう。

（第4時）

○感じ取った曲想の変化が、音楽を形づくっている要素の働きのどのような変化によって生まれているかを聴き取り、左表の②欄に書こう。

○ペアやグループで意見を交換しよう。

● 「ちゅうりっぷ」の変奏をしよう（パート2）

○ 「ちゅうりっぷ」の旋律（冒頭4小節）に音を加えたり、音高を変化させたりして演奏し、曲想がどのように変化したかに着目して聴き、感じ取ったことを書こう。

	曲想の変化
変奏Ⅰ	
変奏Ⅱ	
変奏Ⅲ	

○音楽ソフトを用いて「ちゅうりっぷ」の旋律（冒頭4小節）を自由に変化させよう。

主題

○ペアやグループで聴き合い、感じたことを伝え合おう。

〈メモ〉
旋律をどのように変化させたか、それによって曲想がどのように変化したかを記録しておこう。

変奏の面白さを味わおう　《ワークシートⅡ》

年	組	氏名

● 童謡「ちゅうりっぷ」の変奏をしよう（パート1）

【譜例】

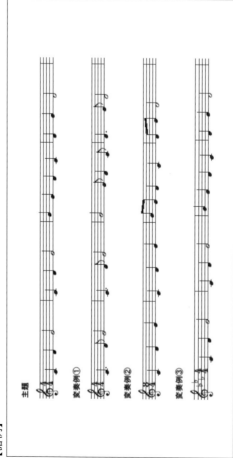

主題

変奏例①

変奏例②

変奏例③

○①～③の変奏例を、曲想がどのように変化しているかに着目して聴き、感じ取ったことを下表の①欄に書こう。

	①曲想の変化	②音楽を形づくっている要素の働きの変化
変奏例①		
変奏例②		
変奏例③		

○前時に作成した「アイディアシート」を基に、「かっこう」の変奏をつくろう。
・つくりながら「アイディアシート」に変更が生じた際は、赤ペンで加筆・修正しよう。

○ペアやグループで聴き合い、意見やアドバイスを伝え合おう。
・友達の意見やアドバイスを聞いて、修正したり工夫を重ねたりしたいと考えたことについて整理しよう。

○整理したことを踏まえて、さらに工夫を重ねよう。
・修正前後の変奏をそれぞれ保存し、聴き比べて変化を確かめながら工夫を重ねよう。

○グループで変奏曲風につなげて発表しよう。
・つくった変奏を聴き合い、各変奏の特徴を踏まえながら、どのように配列して発表するのがよいか話し合おう。

〈メモ〉
各変奏のよさを伝えるための工夫やアイディアを考えよう。

●グループで変奏を発表しよう。

○曲想の変化の面白さを感じたり、各自・各グループの工夫点を見つけたりしながら聴こう。

○変奏の創作を通して考えたこと、感じたことについて、ペアやグループで意見を交換しよう。

変奏の面白さを味わおう 《ワークシートⅢ》

年 組 氏名

●「かっこう」を主題とした変奏をつくろう

【譜例】
主題

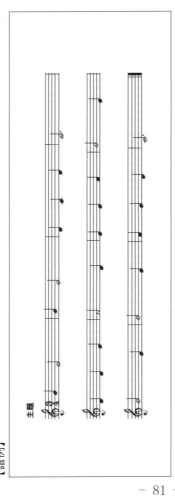

○どのように変奏をしたいかをイメージしながら、アイディアシートを作成しよう。

アイディアシート

♪どのような曲想の変奏にしたいかイメージしよう	♪左のイメージを表すために、旋律をどのように変化させたらよいだろう？

巻末資料

高等学校芸術科（音楽）における「内容のまとまりごとの評価規準（例）」

1 芸術の目標と音楽の評価の観点及びその趣旨

芸術の幅広い活動を通して，各科目における見方・考え方を働かせ，生活や社会の中の芸術や芸術文化と豊かに関わる資質・能力を次のとおり育成することを目指す。

	（1）	（2）	（3）
目標	芸術に関する各科目の特質について理解するとともに，意図に基づいて表現するための技能を身に付けるようにする。	創造的な表現を工夫したり，芸術のよさや美しさを深く味わったりすることができるようにする。	生涯にわたり芸術を愛好する心情を育むとともに，感性を高め，心豊かな生活や社会を創造していく態度を養い，豊かな情操を培う。

（高等学校学習指導要領 P.141）

観点	知識・技能	思考・判断・表現	主体的に学習に取り組む態度
趣旨	・曲想と音楽の構造や文化的・歴史的背景などとの関わり及び音楽の多様性などについて理解を深めている。 ・創意工夫などを生かした音楽表現をするために必要な技能を身に付け，歌唱，器楽，創作などで表している。	音楽を形づくっている要素や要素同士の関連を知覚し，それらの働きを感受しながら，知覚したことと感受したこととの関わりについて考え，どのように表すかについて表現意図をもったり，音楽を評価しながらよさや美しさを味わって聴いたりしている。	音や音楽，音楽文化と豊かに関わり主体的・協働的に表現及び鑑賞の学習活動に取り組もうとしている。

（改善等通知　別紙5　P.3）

2 各科目の目標と評価の観点の趣旨

(1) 音楽Ⅰの目標と評価の観点の趣旨

音楽の幅広い活動を通して，音楽的な見方・考え方を働かせ，生活や社会の中の音や音楽，音楽文化と幅広く関わる資質・能力を次のとおり育成することを目指す。

	（1）	（2）	（3）
目標	曲想と音楽の構造や文化的・歴史的背景などとの関わり及び音楽の多様性について理解するとともに，創意工夫を生かした音楽表現をするために必要な技能を身に付けるようにする。	自己のイメージをもって音楽表現を創意工夫することや，音楽を評価しながらよさや美しさを自ら味わって聴くことができるようにする。	主体的・協働的に音楽の幅広い活動に取り組み，生涯にわたり音楽を愛好する心情を育むとともに，感性を高め，音楽文化に親しみ，音楽によって生活や社会を明るく豊かなものにしていく態度を養う。

（高等学校学習指導要領 P.141）

観点	知識・技能	思考・判断・表現	主体的に学習に取り組む態度
趣旨	・曲想と音楽の構造や文化的・歴史的背景などとの関わり及び音楽の多様性について理解している。 ・創意工夫を生かした音楽表現をするために必要な技能を身に付け，歌唱，器楽，創作で表している。	音楽を形づくっている要素や要素同士の関連を知覚し，それらの働きを感受しながら，知覚したことと感受したこととの関わりについて考え，どのように表すかについて表現意図をもったり，音楽を評価しながらよさや美しさを自ら味わって聴いたりしている。	主体的・協働的に表現及び鑑賞の学習活動に取り組もうとしている。

(2) 音楽Iの「内容のまとまりごとの評価規準（例）」
(7) 「A表現」(1)歌唱　及び〔共通事項〕(1)

知識・技能	思考・判断・表現	主体的に学習に取り組む態度
・曲想と音楽の構造や歌詞，文化的・歴史的背景との関わりについて理解している。 ・言葉の特性と曲種に応じた発声との関わりについて理解している。 ・様々な表現形態による歌唱表現の特徴について理解している。 ・創意工夫を生かした歌唱表現をするために必要な，曲にふさわしい発声，言葉の発音，身体の使い方などの技能を身に付けている。 ・創意工夫を生かした歌唱表現をするために必要な，他者との調和を意識して歌う技能を身に付けている。 ・創意工夫を生かした歌唱表現をするために必要な，表現形態の特徴を生かして歌う技能を身に付けている。	・音楽を形づくっている要素や要素同士の関連を知覚し，それらの働きを感受しながら，知覚したことと感受したこととの関わりについて考え，自己のイメージをもって歌唱表現を創意工夫している。	・主体的・協働的に歌唱の学習活動に取り組もうとしている。

(イ) 「A表現」(2)器楽　及び〔共通事項〕(1)

知識・技能	思考・判断・表現	主体的に学習に取り組む態度
・曲想と音楽の構造や文化的・歴史的背景との関わりについて理解している。 ・曲想と楽器の音色や奏法との関わりについて理解している。 ・様々な表現形態による器楽表現の特徴について理解している。 ・創意工夫を生かした器楽表現をするために必要な，曲にふさわしい奏法，身体の使い方などの技能を身に付けている。 ・創意工夫を生かした器楽表現をするために必要な，他者との調和を意識して演奏する技能を身に付けている。 ・創意工夫を生かした器楽表現をするために必要な，表現形態の特徴を生かして演奏する技能を身に付けている。	・音楽を形づくっている要素や要素同士の関連を知覚し，それらの働きを感受しながら，知覚したことと感受したこととの関わりについて考え，自己のイメージをもって器楽表現を創意工夫している。	・主体的・協働的に器楽の学習活動に取り組もうとしている。

巻末
資料

(ウ) 「A表現」(3)創作　及び〔共通事項〕(1)

知識・技能	思考・判断・表現	主体的に学習に取り組む態度
・音素材，音を連ねたり重ねたりしたときの響き，音階や音型などの特徴及び構成上の特徴について，表したいイメージと関わらせて理解している。 ・創意工夫を生かした創作表現をするために必要な，反復，変化，対照などの手法を活用して音楽をつくる技能を身に付けている。 ・創意工夫を生かした創作表現をするために必要な，旋律をつくったり，つくった旋律に副次的な旋律や和音などを付けた音楽をつくったりする技能を身に付けている。 ・創意工夫を生かした創作表現をするために必要な，音楽を形づくっている要素の働きを変化させ，変奏や編曲をする技能を身に付けている。	・音楽を形づくっている要素や要素同士の関連を知覚し，それらの働きを感受しながら，知覚したことと感受したこととの関わりについて考え，自己のイメージをもって創作表現を創意工夫している。	・主体的・協働的に創作の学習活動に取り組もうとしている。

(エ) 「B鑑賞」(1)鑑賞　及び〔共通事項〕(1)

知識・技能	思考・判断・表現	主体的に学習に取り組む態度
・曲想や表現上の効果と音楽の構造との関わりについて理解している。 ・音楽の特徴と文化的・歴史的背景，他の芸術との関わりについて理解している。 ・我が国や郷土の伝統音楽の種類とそれぞれの特徴について理解している。	・音楽を形づくっている要素や要素同士の関連を知覚し，それらの働きを感受しながら，知覚したことと感受したこととの関わりについて考えるとともに，曲や演奏に対する評価とその根拠について考え，音楽のよさや美しさを自ら味わって聴いている。 ・音楽を形づくっている要素や要素同士の関連を知覚し，それらの働きを感受しながら，知覚したことと感受したこととの関わりについて考えるとともに，自分や社会にとっての音楽の意味や価値について考え，音楽のよさや美しさを自ら味わって聴いている。 ・音楽を形づくっている要素や要素同士の関連を知覚し，それらの働きを感受しながら，知覚したことと感受したこととの関わりについて考えるとともに，音楽表現の共通性や固有性について考え，音楽のよさや美しさを自ら味わって聴いている。	・主体的・協働的に鑑賞の学習活動に取り組もうとしている。

巻末
資料

(3) 音楽Ⅱの目標と評価の観点の趣旨

音楽の諸活動を通して，音楽的な見方・考え方を働かせ，生活や社会の中の音や音楽，音楽文化と深く関わる資質・能力を次のとおり育成することを目指す。

	(1)	(2)	(3)
目標	曲想と音楽の構造や文化的・歴史的背景などとの関わり及び音楽の多様性について理解を深めるとともに，創意工夫を生かした音楽表現をするために必要な技能を身に付けるようにする。	個性豊かに音楽表現を創意工夫することや，音楽を評価しながらよさや美しさを深く味わって聴くことができるようにする。	主体的・協働的に音楽の諸活動に取り組み，生涯にわたり音楽を愛好する心情を育むとともに，感性を高め，音楽文化に親しみ，音楽によって生活や社会を明るく豊かなものにしていく態度を養う。

（高等学校学習指導要領　P. 143）

観点	知識・技能	思考・判断・表現	主体的に学習に取り組む態度
趣旨	・曲想と音楽の構造や文化的・歴史的背景などとの関わり及び音楽の多様性について理解を深めている。 ・創意工夫を生かした音楽表現をするために必要な技能を身に付け，歌唱，器楽，創作で表している。	音楽を形づくっている要素や要素同士の関連を知覚し，それらの働きを感受しながら，知覚したことと感受したこととの関わりについて考え，どのように表すかについて独自の表現意図をもったり，音楽を評価しながらよさや美しさを深く味わって聴いたりしている。	主体的・協働的に表現及び鑑賞の学習活動に取り組もうとしている。

(4) 音楽Ⅱの「内容のまとまりごとの評価規準（例）」

(7) 「Ａ表現」(1)歌唱　及び〔共通事項〕(1)

知識・技能	思考・判断・表現	主体的に学習に取り組む態度
・曲想と音楽の構造や歌詞，文化的・歴史的背景との関わり及びその関わりによって生み出される表現上の効果について理解している。 ・言葉の特性と曲種に応じた発声との関わり及びその関わりによって生み出される表現上の効果について理解している。 ・様々な表現形態による歌唱表現の固有性や多様性について理解している。 ・創意工夫を生かした歌唱表現をするために必要な，曲にふさわしい発声，言葉の発音，身体の使い方などの技能を身に付けている。 ・創意工夫を生かした歌唱表現をするために必要な，他者との調和を意識して歌う技能を身に付けている。 ・創意工夫を生かした歌唱表現をするために必要な，表現形態の特徴や表現上の効果を生かして歌う技能を身に付けている。	・音楽を形づくっている要素や要素同士の関連を知覚し，それらの働きを感受しながら，知覚したことと感受したこととの関わりについて考え，個性豊かに歌唱表現を創意工夫している。	・主体的・協働的に歌唱の学習活動に取り組もうとしている。

(イ) 「A表現」(2)器楽　及び〔共通事項〕(1)

知識・技能	思考・判断・表現	主体的に学習に取り組む態度
・曲想と音楽の構造や文化的・歴史的背景との関わり及びその関わりによって生み出される表現上の効果について理解している。 ・曲想と楽器の音色や奏法との関わり及びその関わりによって生み出される表現上の効果について理解している。 ・様々な表現形態による器楽表現の固有性や多様性について理解している。 ・創意工夫を生かした器楽表現をするために必要な，曲にふさわしい奏法，身体の使い方などの技能を身に付けている。 ・創意工夫を生かした器楽表現をするために必要な，他者との調和を意識して演奏する技能を身に付けている。 ・創意工夫を生かした器楽表現をするために必要な，表現形態の特徴や表現上の効果を生かして演奏する技能を身に付けている。	・音楽を形づくっている要素や要素同士の関連を知覚し，それらの働きを感受しながら，知覚したことと感受したこととの関わりについて考え，個性豊かに器楽表現を創意工夫している。	・主体的・協働的に器楽の学習活動に取り組もうとしている。

(ウ) 「A表現」(3)創作　及び〔共通事項〕(1)

知識・技能	思考・判断・表現	主体的に学習に取り組む態度
・音素材，音を連ねたり重ねたりしたときの響き，音階や音型などの特徴及び構成上の特徴について，表したいイメージと関わらせて理解を深めている。	・音楽を形づくっている要素や要素同士の関連を知覚し，それらの働きを感受しながら，知覚したことと感受したこととの関わりについて考え，個性豊かに創作表現を創意工夫している。	・主体的・協働的に創作の学習活動に取り組もうとしている。
・創意工夫を生かした創作表現をするために必要な，反復，変化，対照などの手法を活用して音楽をつくる技能を身に付けている。		
・創意工夫を生かした創作表現をするために必要な，旋律をつくったり，つくった旋律に副次的な旋律や和音などを付けた音楽をつくったりする技能を身に付けている。		
・創意工夫を生かした創作表現をするために必要な，音楽を形づくっている要素の働きを変化させ，変奏や編曲をする技能を身に付けている。		

巻末
資料

(エ)「Ｂ鑑賞」(1)鑑賞　及び〔共通事項〕(1)

知識・技能	思考・判断・表現	主体的に学習に取り組む態度
・曲想や表現上の効果と音楽の構造との関わりについて理解を深めている。 ・音楽の特徴と文化的・歴史的背景，他の芸術との関わりについて理解を深めている。 ・我が国や郷土の伝統音楽の種類とそれぞれの特徴について理解を深めている。	・音楽を形づくっている要素や要素同士の関連を知覚し，それらの働きを感受しながら，知覚したことと感受したこととの関わりについて考えるとともに，曲や演奏に対する評価とその根拠について考え，音楽のよさや美しさを深く味わって聴いている。 ・音楽を形づくっている要素や要素同士の関連を知覚し，それらの働きを感受しながら，知覚したことと感受したこととの関わりについて考えるとともに，自分や社会にとっての音楽の意味や価値について考え，音楽のよさや美しさを深く味わって聴いている。 ・音楽を形づくっている要素や要素同士の関連を知覚し，それらの働きを感受しながら，知覚したことと感受したこととの関わりについて考えるとともに，音楽表現の共通性や固有性について考え，音楽のよさや美しさを深く味わって聴いている。	・主体的・協働的に鑑賞の学習活動に取り組もうとしている。

巻末資料

(5) 音楽Ⅲの目標と評価の観点の趣旨

音楽の諸活動を通して，音楽的な見方・考え方を働かせ，生活や社会の中の多様な音や音楽，音楽文化と深く関わる資質・能力を次のとおり育成することを目指す。

	(1)	(2)	(3)
目標	曲想と音楽の構造や文化的・歴史的背景などとの関わり及び音楽文化の多様性について理解するとともに，創意工夫や表現上の効果を生かした音楽表現をするために必要な技能を身に付けるようにする。	音楽に関する知識や技能を総合的に働かせながら，個性豊かに音楽表現を創意工夫したり音楽を評価しながらよさや美しさを深く味わって聴いたりすることができるようにする。	主体的・協働的に音楽の諸活動に取り組み，生涯にわたり音楽を愛好する心情を育むとともに，感性を磨き，音楽文化を尊重し，音楽によって生活や社会を明るく豊かなものにしていく態度を養う。

(高等学校学習指導要領　P.145)

観点	知識・技能	思考・判断・表現	主体的に学習に取り組む態度
趣旨	・曲想と音楽の構造や文化的・歴史的背景などとの関わり及び音楽文化の多様性について理解している。 ・創意工夫や表現上の効果を生かした音楽表現をするために必要な技能を身に付け，歌唱，器楽，創作で表している。	音楽を形づくっている要素や要素同士の関連を知覚し，それらの働きを感受しながら，知覚したことと感受したこととの関わりについて考え，様々な知識や技能を関連させどのように表すかについて独自の表現意図を深めたり，音楽を評価しながらよさや美しさを深く味わって聴いたりしている。	主体的・協働的に表現及び鑑賞の学習活動に取り組もうとしている。

(6) 音楽Ⅲの「内容のまとまりごとの評価規準（例）」
(ｱ) 「Ａ表現」(1)歌唱　及び〔共通事項〕(1)

知識・技能	思考・判断・表現	主体的に学習に取り組む態度
・曲の表現内容や様々な表現形態による歌唱表現の固有性や多様性について理解している。 ・歌や歌うことと生活や社会との関わりについて理解している。 ・創意工夫や表現上の効果を生かした歌唱表現をするために必要な技能を身に付けている。	・音楽を形づくっている要素や要素同士の関連を知覚し，それらの働きを感受しながら，知覚したことと感受したこととの関わりについて考え，個性豊かに歌唱表現を創意工夫している。	・主体的・協働的に歌唱の学習活動に取り組もうとしている。

(ｲ) 「Ａ表現」(2)器楽　及び〔共通事項〕(1)

知識・技能	思考・判断・表現	主体的に学習に取り組む態度
・曲の表現内容や様々な表現形態による器楽表現の固有性や多様性について理解している。 ・曲や演奏することと生活や社会との関わりについて理解している。 ・創意工夫や表現上の効果を生かした器楽表現をするために必要な技能を身に付けている。	・音楽を形づくっている要素や要素同士の関連を知覚し，それらの働きを感受しながら，知覚したことと感受したこととの関わりについて考え，個性豊かに器楽表現を創意工夫している。	・主体的・協働的に器楽の学習活動に取り組もうとしている。

(ウ) 「A表現」(3)創作 及び〔共通事項〕(1)

知識・技能	思考・判断・表現	主体的に学習に取り組む態度
・様々な音素材や様式，表現形態などの特徴について，表したいイメージと関わらせて理解している。 ・創意工夫や表現上の効果を生かした創作表現をするために必要な技能を身に付けている。	・音楽を形づくっている要素や要素同士の関連を知覚し，それらの働きを感受しながら，知覚したことと感受したこととの関わりについて考え，個性豊かに創作表現を創意工夫している。	・主体的・協働的に創作の学習活動に取り組もうとしている。

(エ) 「B鑑賞」(1)鑑賞 及び〔共通事項〕(1)

知識・技能	思考・判断・表現	主体的に学習に取り組む態度
・音楽の美しさと音楽の構造との関わりについて理解している。 ・芸術としての音楽と文化的・歴史的背景，他の芸術との関わりについて理解している。 ・現代の我が国及び諸外国の音楽の特徴について理解している。 ・音楽と人間の感情との関わり及び社会における音楽に関わる人々の役割について理解している。	・音楽を形づくっている要素や要素同士の関連を知覚し，それらの働きを感受しながら，知覚したことと感受したこととの関わりについて考えるとともに，曲や演奏に対する評価とその根拠について考え，音楽のよさや美しさを深く味わって聴いている。 ・音楽を形づくっている要素や要素同士の関連を知覚し，それらの働きを感受しながら，知覚したことと感受したこととの関わりについて考えるとともに，文化や芸術としての音楽の意味や価値について考え，音楽のよさや美しさを深く味わって聴いている。 ・音楽を形づくっている要素や要素同士の関連を知覚し，それらの働きを感受しながら，知覚したことと感受したこととの関わりについて考えるとともに，音楽表現の共通性や固有性について考え，音楽のよさや美しさを深く味わって聴いている。	・主体的・協働的に鑑賞の学習活動に取り組もうとしている。

評価規準，評価方法等の工夫改善に関する調査研究について

令和 2 年 4 月 13 日　国立教育政策研究所長裁定
令和 2 年 6 月 25 日　一　　部　　改　　正

1　趣　旨
　　学習評価については，中央教育審議会初等中等教育分科会教育課程部会において「児童
　生徒の学習評価の在り方について」（平成 31 年 1 月 21 日）の報告がまとめられ，新しい
　学習指導要領に対応した，各教科等の評価の観点及び評価の観点に関する考え方が示され
　たところである。
　　これを踏まえ，各小学校，中学校及び高等学校における児童生徒の学習の効果的，効率
　的な評価に資するため，教科等ごとに，評価規準，評価方法等の工夫改善に関する調査研
　究を行う。

2　調査研究事項
（1）評価規準及び当該規準を用いた評価方法に関する参考資料の作成
（2）学校における学習評価に関する取組についての情報収集
（3）上記（1）及び（2）に関連する事項

3　実施方法
　　調査研究に当たっては，教科等ごとに教育委員会関係者，教師及び学識経験者等を協力
　者として委嘱し，2 の事項について調査研究を行う。

4　庶　務
　　この調査研究にかかる庶務は，教育課程研究センターにおいて処理する。

5　実施期間
　　令和 2 年 5 月 1 日～令和 3 年 3 月 31 日
　　令和 3 年 4 月 16 日～令和 4 年 3 月 31 日

巻末
資料

評価規準，評価方法等の工夫改善に関する調査研究協力者（五十音順）

（職名は令和 3 年 4 月現在）

臼井　　学　　　　長野県教育委員会事務局学びの改革支援課教育主幹兼義務教育指導係長

北島恵美子　　　　福井県立高志高等学校教諭

西川　陽平　　　　神奈川県立総合教育センター教育人材育成課指導主事

水戸　博道　　　　明治学院大学教授

薬袋　直哉　　　　山梨県立青洲高等学校教諭

山内　　尚　　　　宮城県立古川支援学校長

国立教育政策研究所においては，次の関係官が担当した。

河合　紳和　　　　国立教育政策研究所教育課程研究センター研究開発部教育課程調査官

この他，本書編集の全般にわたり，国立教育政策研究所において以下の者が担当した。

鈴木　敏之　　　　国立教育政策研究所教育課程研究センター長
　　　　　　　　　　　　　　　　　　　　　　　　　　（令和 2 年 7 月 1 日から）
笹井　弘之　　　　国立教育政策研究所教育課程研究センター長
　　　　　　　　　　　　　　　　　　　　　　　　　　（令和 2 年 6 月 30 日まで）
杉江　達也　　　　国立教育政策研究所教育課程研究センター研究開発部副部長
　　　　　　　　　　　　　　　　　　　　　　　　　　（令和 3 年 4 月 1 日から）
清水　正樹　　　　国立教育政策研究所教育課程研究センター研究開発部副部長
　　　　　　　　　　　　　　　　　　　　　　　　　　（令和 3 年 3 月 31 日まで）
新井　敬二　　　　国立教育政策研究所教育課程研究センター研究開発部研究開発課長
　　　　　　　　　　　　　　　（令和 3 年 4 月 1 日から令和 3 年 7 月 31 日まで）
岩城由紀子　　　　国立教育政策研究所教育課程研究センター研究開発部研究開発課長
　　　　　　　　　　　　　　　　　　　　　　　　　　（令和 3 年 3 月 31 日まで）
間宮　弘介　　　　国立教育政策研究所教育課程研究センター研究開発部研究開発課指導係長

奥田　正幸　　　　国立教育政策研究所教育課程研究センター研究開発部研究開発課指導係専門職
　　　　　　　　　　　　　　　　　　　　　　　　　　（令和 3 年 3 月 31 日まで）
髙辻　正明　　　　国立教育政策研究所教育課程研究センター研究開発部教育課程特別調査員

前山　大樹　　　　国立教育政策研究所教育課程研究センター研究開発部教育課程特別調査員
　　　　　　　　　　　　　　　　　　　　　　　　　　（令和 3 年 4 月 1 日から）

学習指導要領等関係資料について

　学習指導要領等の関係資料は以下のとおりです。いずれも，文部科学省や国立教育政策研究所のウェブサイトから閲覧が可能です。スマートフォンなどで閲覧する際は，以下の二次元コードを読み取って，資料に直接アクセスすることが可能です。本書と併せて是非御覧ください。

① 学習指導要領，学習指導要領解説　等
② 中央教育審議会答申「幼稚園，小学校，中学校，高等学校及び特別支援学校の学習指導要領等の改善及び必要な方策等について」(平成 28 年 12 月 21 日)
③ 中央教育審議会初等中等教育分科会教育課程部会報告「児童生徒の学習評価の在り方について」(平成 31 年 1 月 21 日)
④ 小学校，中学校，高等学校及び特別支援学校等における児童生徒の学習評価及び指導要録の改善等について(平成 31 年 3 月 29 日 30 文科初第 1845 号初等中等教育局長通知)
　　　　　　　※各教科等の評価の観点等及びその趣旨や指導要録(参考様式)は，同通知に掲載。
⑤ 学習評価の在り方ハンドブック(小・中学校編)(令和元年 6 月)
⑥ 学習評価の在り方ハンドブック(高等学校編)(令和元年 6 月)
⑦ 平成 29 年改訂の小・中学校学習指導要領に関する Q&A
⑧ 平成 30 年改訂の高等学校学習指導要領に関する Q&A
⑨ 平成 29・30 年改訂の学習指導要領下における学習評価に関する Q&A

① ② ③
④ ⑤ ⑥
⑦ ⑧ ⑨

巻末資料

学習評価の
在り方
ハンドブック

高等学校編

文部科学省　国立教育政策研究所教育課程研究センター

学習指導要領

学習指導要領とは，国が定めた「教育課程の基準」です。

（学校教育法施行規則第52条，74条，84条及び129条等より）

■学習指導要領の構成
〈高等学校の例〉

前文　第1章　総則
　　　第2章　各学科に共通する各教科
　　　　第1節　国語
　　　　第2節　地理歴史
　　　　第3節　公民
　　　　第4節　数学
　　　　第5節　理科
　　　　第6節　保健体育
　　　　第7節　芸術
　　　　第8節　外国語
　　　　第9節　家庭
　　　　第10節　情報
　　　　第11節　理数
　　　第3章　主として専門学科において
　　　　　　　開設される各教科
　　　　第1節　農業
　　　　第2節　工業
　　　　第3節　商業
　　　　第4節　水産
　　　　第5節　家庭
　　　　第6節　看護
　　　　第7節　情報
　　　　第8節　福祉
　　　　第9節　理数
　　　　第10節　体育
　　　　第11節　音楽
　　　　第12節　美術
　　　　第13節　英語
　　　第4章　総合的な探究の時間
　　　第5章　特別活動

総則は，以下の項目で整理され，全ての教科等に共通する事項が記載されています。

- 第1款　高等学校教育の基本と教育課程の役割
- 第2款　教育課程の編成
- 第3款　教育課程の実施と学習評価
- 第4款　単位の修得及び卒業の認定
- 第5款　生徒の発達の支援
- 第6款　学校運営上の留意事項
- 第7款　道徳教育に関する配慮事項

> 学習評価の
> 実施に当たっての
> 配慮事項

各教科等の目標，内容等が記載されています。
（例）第1節　国語
- 第1款　目標
- 第2款　各科目
- 第3款　各科目にわたる指導計画の作成と内容の取扱い

　平成30年改訂学習指導要領の各教科等の目標や内容は，教育課程全体を通して育成を目指す資質・能力の三つの柱に基づいて再整理されています。

ア　何を理解しているか，何ができるか
　　（生きて働く「知識・技能」の習得）
　　※職業に関する教科については，「知識・技術」
イ　理解していること・できることをどう使うか（未知の状況にも対応できる「思考力・判断力・表現力等」の育成）
ウ　どのように社会・世界と関わり，よりよい人生を送るか（学びを人生や社会に生かそうとする「学びに向かう力・人間性等」の涵養）

平成30年改訂「高等学校学習指導要領」より

詳しくは，文部科学省Webページ「学習指導要領のくわしい内容」をご覧ください。
(http://www.mext.go.jp/a_menu/shotou/new-cs/1383986.htm)

学習指導要領解説

学習指導要領解説とは,大綱的な基準である学習指導要領の記述の意味や解釈などの詳細について説明するために,文部科学省が作成したものです。

■学習指導要領解説の構成
〈高等学校 国語編の例〉

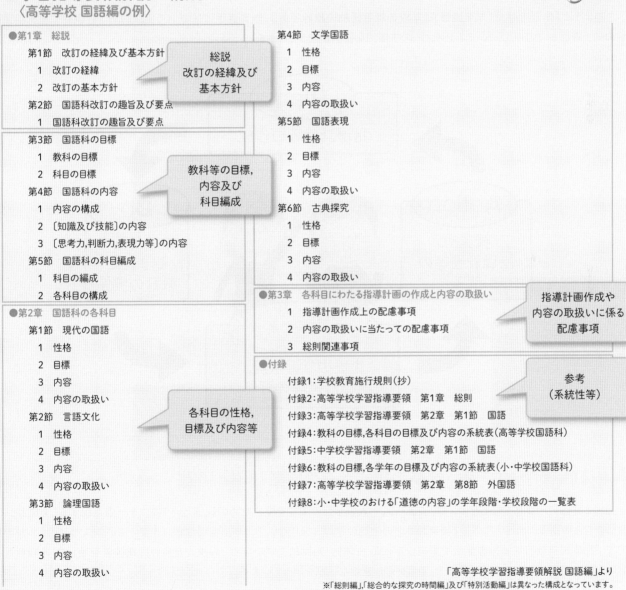

●第1章　総説

第1節　改訂の経緯及び基本方針
1　改訂の経緯
2　改訂の基本方針

> 総説
> 改訂の経緯及び
> 基本方針

第2節　国語科改訂の趣旨及び要点
1　国語科改訂の趣旨及び要点

第3節　国語科の目標
1　教科の目標
2　科目の目標

> 教科等の目標,
> 内容及び
> 科目編成

第4節　国語科の内容
1　内容の構成
2　〔知識及び技能〕の内容
3　〔思考力,判断力,表現力等〕の内容

第5節　国語科の科目編成
1　科目の編成
2　各科目の構成

●第2章　国語科の各科目

第1節　現代の国語
1　性格
2　目標
3　内容
4　内容の取扱い

第2節　言語文化
1　性格
2　目標
3　内容
4　内容の取扱い

> 各科目の性格,
> 目標及び内容等

第3節　論理国語
1　性格
2　目標
3　内容
4　内容の取扱い

第4節　文学国語
1　性格
2　目標
3　内容
4　内容の取扱い

第5節　国語表現
1　性格
2　目標
3　内容
4　内容の取扱い

第6節　古典探究
1　性格
2　目標
3　内容
4　内容の取扱い

●第3章　各科目にわたる指導計画の作成と内容の取扱い
1　指導計画作成上の配慮事項
2　内容の取扱いに当たっての配慮事項
3　総則関連事項

> 指導計画作成や
> 内容の取扱いに係る
> 配慮事項

●付録
付録1:学校教育施行規則(抄)
付録2:高等学校学習指導要領　第1章　総則
付録3:高等学校学習指導要領　第2章　第1節　国語
付録4:教科の目標,各科目の目標及び内容の系統表(高等学校国語科)
付録5:中学校学習指導要領　第2章　第1節　国語
付録6:教科の目標,各学年の目標及び内容の系統表(小・中学校国語科)
付録7:高等学校学習指導要領　第2章　第8節　外国語
付録8:小・中学校のおける「道徳の内容」の学年段階・学校段階の一覧表

> 参考
> (系統性等)

「高等学校学習指導要領解説 国語編」より
※「総則編」,「総合的な探究の時間編」及び「特別活動編」は異なった構成となっています。

教師は,学習指導要領で定めた資質・能力が,生徒に確実に育成されているかを評価します

学習評価の基本的な考え方

　学習評価は, 学校における教育活動に関し, 生徒の学習状況を評価するものです。「生徒にどういった力が身に付いたか」という学習の成果を的確に捉え, **教師が指導の改善を図る**とともに, **生徒自身が自らの学習を振り返って次の学習に向かうことができるようにする**ためにも, 学習評価の在り方は重要であり, 教育課程や学習・指導方法の改善と一貫性のある取組を進めることが求められます。

▌カリキュラム・マネジメントの一環としての指導と評価

　各学校は, 日々の授業の下で生徒の学習状況を評価し, その結果を生徒の学習や教師による指導の改善や学校全体としての教育課程の改善, 校務分掌を含めた組織運営等の改善に生かす中で, 学校全体として組織的かつ計画的に教育活動の質の向上を図っています。

　このように, 「学習指導」と「学習評価」は学校の教育活動の根幹であり, 教育課程に基づいて組織的かつ計画的に教育活動の質の向上を図る「カリキュラム・マネジメント」の中核的な役割を担っています。

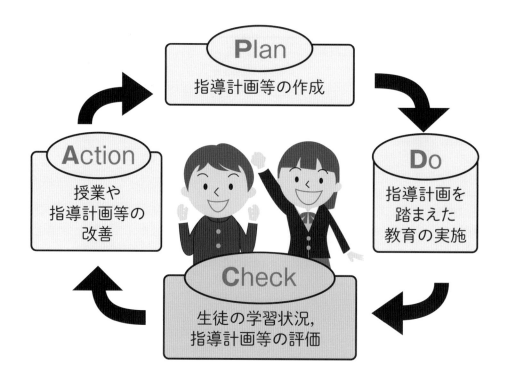

▌主体的・対話的で深い学びの視点からの授業改善と評価

　指導と評価の一体化を図るためには, 生徒一人一人の学習の成立を促すための評価という視点を一層重視することによって, 教師が自らの指導のねらいに応じて授業の中での生徒の学びを振り返り, 学習や指導の改善に生かしていくというサイクルが大切です。平成30年改訂学習指導要領で重視している「主体的・対話的で深い学び」の視点からの授業改善を通して, 各教科等における資質・能力を確実に育成する上で, 学習評価は重要な役割を担っています。

次の授業では
○○を重点的に
指導しよう。

○○のところは
もっと～した方が
よいですね。

☑ 教師の指導改善に
つながるものにしていくこと

☑ 生徒の学習改善に
つながるものにしていくこと

☑ これまで慣行として行われてきたことでも,
必要性・妥当性が認められないものは
見直していくこと

詳しくは, 平成31年3月29日文部科学省初等中等教育局長通知「小学校,中学校,高等学校及び特別支援学校等における児童生徒の学習評価及び指導要録の改善等について(通知)」をご覧ください。
(http://www.mext.go.jp/b_menu/hakusho/nc/1415169.htm)

 **コラム**

評価に戸惑う生徒の声

「先生によって観点の重みが違うんです。授業態度をとても重視する先生もいるし,テストだけで判断するという先生もいます。そうすると,どう努力していけばよいのか本当に分かりにくいんです。」(中央教育審議会初等中等教育分科会教育課程部会 児童生徒の学習評価に関するワーキンググループ第7回における高等学校3年生の意見より)

あくまでこれは一部の意見ですが,学習評価に対する生徒のこうした意見には,適切な評価を求める切実な思いが込められています。そのような生徒の声に応えるためにも,教師は,生徒への学習状況のフィードバックや,授業改善に生かすという評価の機能を一層充実させる必要があります。教師と生徒が共に納得する学習評価を行うためには,評価規準を適切に設定し,評価の規準や方法について,教師と生徒及び保護者で共通理解を図るガイダンス的な機能と,生徒の自己評価と教師の評価を結び付けていくカウンセリング的な機能を充実させていくことが重要です。

Column

学習評価の基本構造

　平成30年改訂で, 学習指導要領の目標及び内容が資質・能力の三つの柱で再整理されたことを踏まえ, 各教科における観点別学習状況の評価の観点については,「知識・技能」,「思考・判断・表現」,「主体的に学習に取り組む態度」の3観点に整理されています。

「学びに向かう力, 人間性等」には
①「主体的に学習に取り組む態度」として観点別評価（学習状況を分析的に捉える）を通じて見取ることができる部分と,
②観点別評価や評定にはなじまず, こうした評価では示しきれないことから個人内評価を通じて見取る部分があります。

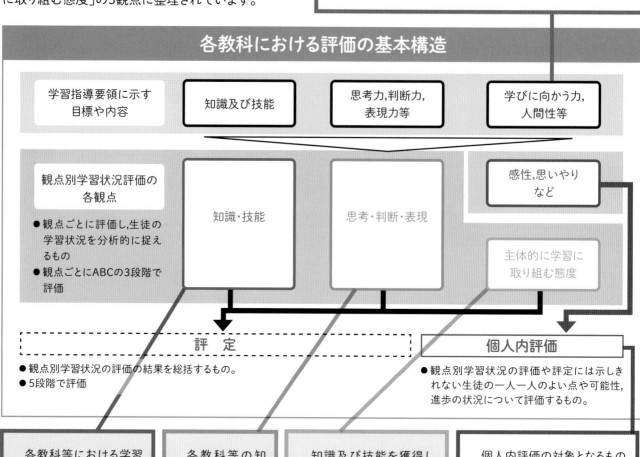

各教科における評価の基本構造

学習指導要領に示す目標や内容

- 知識及び技能
- 思考力, 判断力, 表現力等
- 学びに向かう力, 人間性等

観点別学習状況評価の各観点
- 観点ごとに評価し, 生徒の学習状況を分析的に捉えるもの
- 観点ごとにABCの3段階で評価

- 知識・技能
- 思考・判断・表現
- 感性, 思いやりなど
- 主体的に学習に取り組む態度

評定
- 観点別学習状況の評価の結果を総括するもの。
- 5段階で評価

個人内評価
- 観点別学習状況の評価や評定には示しきれない生徒の一人一人のよい点や可能性, 進歩の状況について評価するもの。

　各教科等における学習の過程を通した知識及び技能の習得状況について評価を行うとともに, それらを既有の知識及び技能と関連付けたり活用したりする中で, 他の学習や生活の場面でも活用できる程度に概念等を理解したり, 技能を習得したりしているかを評価します。

　各教科等の知識及び技能を活用して課題を解決する等のために必要な思考力, 判断力, 表現力等を身に付けているかどうかを評価します。

　知識及び技能を獲得したり, 思考力, 判断力, 表現力等を身に付けたりするために, 自らの学習状況を把握し, 学習の進め方について試行錯誤するなど自らの学習を調整しながら, 学ぼうとしているかどうかという意思的な側面を評価します。

　個人内評価の対象となるものについては, 生徒が学習したことの意義や価値を実感できるよう, 日々の教育活動等の中で生徒に伝えることが重要です。特に,「学びに向かう力, 人間性等」のうち「感性や思いやり」など生徒一人一人のよい点や可能性, 進歩の状況などを積極的に評価し生徒に伝えることが重要です。

　詳しくは, 平成31年1月21日文部科学省中央教育審議会初等中等教育分科会教育課程部会「児童生徒の学習評価の在り方について（報告）」をご覧ください。
（http://www.mext.go.jp/b_menu/shingi/chukyo/chukyo3/004/gaiyou/1412933.htm）

総合的な探究の時間及び特別活動の評価について

総合的な探究の時間,特別活動についても,学習指導要領等で示したそれぞれの目標や特質に応じ,適切に評価します。

▌総合的な探究の時間

総合的な探究の時間の評価の観点については,学習指導要領に示す「第1 目標」を踏まえ,各学校において具体的に定めた目標,内容に基づいて,以下を参考に定めることとしています。

知識・技能	思考・判断・表現	主体的に学習に取り組む態度
探究の過程において,課題の発見と解決に必要な知識及び技能を身に付け,課題に関わる概念を形成し,探究の意義や価値を理解している。	実社会や実生活と自己との関わりから問いを見いだし,自分で課題を立て,情報を集め,整理・分析して,まとめ・表現している。	探究に主体的・協働的に取り組もうとしているとともに,互いのよさを生かしながら,新たな価値を創造し,よりよい社会を実現しようとしている。

この3つの観点に則して生徒の学習状況を見取ります。

▌特別活動

従前,高等学校等における特別活動において行った生徒の活動の状況については,主な事実及び所見を文章で記述することとされてきたところ,文章記述を改め,各学校が設定した観点を記入した上で,活動・学校行事ごとに,評価の観点に照らして十分満足できる活動の状況にあると判断される場合に,○印を記入することとしています。

評価の観点については,特別活動の特質と学校の創意工夫を生かすということから,設置者ではなく,各学校が評価の観点を定めることとしています。その際,学習指導要領等に示す特別活動の目標や学校として重点化した内容を踏まえ,例えば以下のように,具体的に観点を示すことが考えられます。

特別活動の記録						
内容	観点	学年	1	2	3	4
ホームルーム活動	よりよい生活や社会を構築するための知識・技能		○		○	
生徒会活動	集団や社会の形成者としての思考・判断・表現 主体的に生活や社会,人間関係をよりよく構築しようとする態度			○		
学校行事				○	○	

高等学校生徒指導要録(参考様式)様式2の記入例　(3年生の例)

> 各学校で定めた観点を記入した上で,内容ごとに,十分満足できる状況にあると判断される場合に,○印を記入します。
> ○印をつけた具体的な活動の状況等については,「総合所見及び指導上参考となる諸事項」の欄に簡潔に記述することで,評価の根拠を記録に残すことができます。

なお,特別活動は,ホームルーム担任以外の教師が指導することも多いことから,評価体制を確立し,共通理解を図って,生徒のよさや可能性を多面的・総合的に評価するとともに,指導の改善に生かすことが求められます。

観点別学習状況の評価について

　観点別学習状況の評価とは，学習指導要領に示す目標に照らして，その実現状況がどのようなものであるかを，観点ごとに評価し，生徒の学習状況を分析的に捉えるものです。

■「知識・技能」の評価の方法

　　「知識・技能」の評価の考え方は，従前の評価の観点である「知識・理解」，「技能」においても重視してきたところです。具体的な評価方法としては，例えばペーパーテストにおいて，事実的な知識の習得を問う問題と，知識の概念的な理解を問う問題とのバランスに配慮するなどの工夫改善を図る等が考えられます。また，生徒が文章による説明をしたり，各教科等の内容の特質に応じて，観察・実験をしたり，式やグラフで表現したりするなど実際に知識や技能を用いる場面を設けるなど，多様な方法を適切に取り入れていくこと等も考えられます。

■「思考・判断・表現」の評価の方法

　　「思考・判断・表現」の評価の考え方は，従前の評価の観点である「思考・判断・表現」においても重視してきたところです。具体的な評価方法としては，ペーパーテストのみならず，論述やレポートの作成，発表，グループでの話合い，作品の制作や表現等の多様な活動を取り入れたり，それらを集めたポートフォリオを活用したりするなど評価方法を工夫することが考えられます。

■「主体的に学習に取り組む態度」の評価の方法

　　具体的な評価方法としては，ノートやレポート等における記述，授業中の発言，教師による行動観察や，生徒による自己評価や相互評価等の状況を教師が評価を行う際に考慮する材料の一つとして用いることなどが考えられます。その際，各教科等の特質に応じて，生徒の発達の段階や一人一人の個性を十分に考慮しながら，「知識・技能」や「思考・判断・表現」の観点の状況を踏まえた上で，評価を行う必要があります。

「主体的に学習に取り組む態度」の評価のイメージ

○「主体的に学習に取り組む態度」の評価については,①知識及び技能を獲得したり,思考力,判断力,表現力等を身に付けたりすることに向けた粘り強い取組を行おうとする側面と,②①の粘り強い取組を行う中で,自らの学習を調整しようとする側面,という二つの側面から評価することが求められる。

○これら①②の姿は実際の教科等の学びの中では別々ではなく相互に関わり合いながら立ち現れるものと考えられる。例えば,自らの学習を全く調整しようとせず粘り強く取り組み続ける姿や,粘り強さが全くない中で自らの学習を調整する姿は一般的ではない。

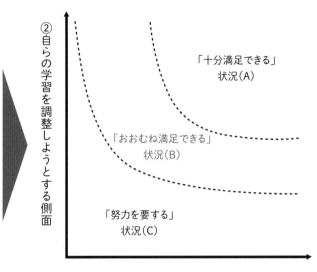

ここでの評価は,その学習の調整が「適切に行われるか」を必ずしも判断するものではなく,学習の調整が知識及び技能の習得などに結びついていない場合には,教師が学習の進め方を適切に指導することが求められます。

「自らの学習を調整しようとする側面」とは…

自らの学習状況を把握し,学習の進め方について試行錯誤するなどの意思的な側面のことです。評価に当たっては,生徒が自らの理解の状況を振り返ることができるような発問の工夫をしたり,自らの考えを記述したり話し合ったりする場面,他者との協働を通じて自らの考えを相対化する場面を,単元や題材などの内容のまとまりの中で設けたりするなど,「主体的・対話的で深い学び」の視点からの授業改善を図る中で,適切に評価できるようにしていくことが重要です。

コラム

「主体的に学習に取り組む態度」は,「関心・意欲・態度」と同じ趣旨ですが…
～こんなことで評価をしていませんでしたか？～

平成31年1月21日文部科学省中央教育審議会初等中等教育分科会教育課程部会「児童生徒の学習評価の在り方について(報告)」では,学習評価について指摘されている課題として,「関心・意欲・態度」の観点について「学校や教師の状況によっては,挙手の回数や毎時間ノートを取っているかなど,性格や行動面の傾向が一時的に表出された場面を捉える評価であるような誤解が払拭し切れていない」ということが指摘されました。これを受け,従来から重視されてきた各教科等の学習内容に関心をもつことのみならず,よりよく学ぼうとする意欲をもって学習に取り組む態度を評価するという趣旨が改めて強調されました。

Column

学習評価の充実

学習評価の妥当性，信頼性を高める工夫の例

- 評価規準や評価方法について，事前に教師同士で検討するなどして明確にすること，評価に関する実践事例を蓄積し共有していくこと，評価結果についての検討を通じて評価に係る教師の力量の向上を図ることなど，学校として組織的かつ計画的に取り組む。
- 学校が生徒や保護者に対し，評価に関する仕組みについて事前に説明したり，評価結果についてより丁寧に説明したりするなど，評価に関する情報をより積極的に提供し生徒や保護者の理解を図る。

評価時期の工夫の例

- 日々の授業の中では生徒の学習状況を把握して指導に生かすことに重点を置きつつ，各教科における「知識・技能」及び「思考・判断・表現」の評価の記録については，原則として単元や題材などのまとまりごとに，それぞれの実現状況が把握できる段階で評価を行う。
- 学習指導要領に定められた各教科等の目標や内容の特質に照らして，複数の単元や題材などにわたって長期的な視点で評価することを可能とする。

学年や学校間の円滑な接続を図る工夫の例

- 「キャリア・パスポート」を活用し，生徒の学びをつなげることができるようにする。
- 入学者選抜の方針や選抜方法の組合せ，調査書の利用方法，学力検査の内容等について見直しを図る。
- 大学入学者選抜において用いられる調査書を見直す際には，観点別学習状況の評価について記載する。
- 大学入学者選抜については，高等学校における指導の在り方の本質的な改善を促し，また，大学教育の質的転換を大きく加速し，高等学校教育・大学教育を通じた改革の好循環をもたらすものとなるような改革を進めることが考えられる。

▌評価方法の工夫の例

高校生のための学びの基礎診断の認定ツールを活用した例

　高校生のための学びの基礎診断とは, 高校段階における生徒の基礎学力の定着度合いを測定する民間の試験等を文部科学省が一定の要件に適合するものとして認定する仕組みで, 平成30年度から制度がスタートしています。学習指導要領を踏まえた出題の基本方針に基づく問題設計や, 主として思考力・判断力・表現力等を問う問題の出題等が認定基準となっています。受検結果等から, 生徒の課題等を把握し, 自らの指導や評価の改善につなげることも考えられます。

> 　詳しくは, 文部科学省Webページ「高校生のための学びの基礎診断」をご覧ください。
> (http://www.mext.go.jp/a_menu/shotou/kaikaku/1393878.htm)

評価の方法の共有で働き方改革

　ペーパーテスト等のみにとらわれず, 一人一人の学びに着目して評価をすることは, 教師の負担が増えることのように感じられるかもしれません。しかし, 生徒の学習評価は教育活動の根幹であり, 「カリキュラム・マネジメント」の中核的な役割を担っています。その際, 助けとなるのは, 教師間の協働と共有です。

　評価の方法やそのためのツールについての悩みを一人で抱えることなく, 学校全体や他校との連携の中で, 計画や評価ツールの作成を分担するなど, これまで以上に協働と共有を進めれば, 教師一人当たりの量的・時間的・精神的な負担の軽減につながります。風通しのよい評価体制を教師間で作っていくことで, 評価方法の工夫改善と働き方改革にもつながります。

「指導と評価の一体化の取組状況」

A:学習評価を通じて, 学習評価のあり方を見直すことや個に応じた指導の充実を図るなど, 指導と評価の一体化に学校全体で取り組んでいる。

B:指導と評価の一体化の取組は, 教師個人に任されている。

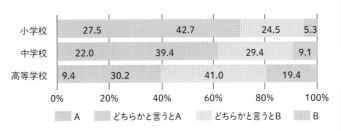

（平成29年度文部科学省委託調査「学習指導と学習評価に対する意識調査」より）

Q&A －先生方の質問にお答えします－

Q1 1回の授業で, 3つの観点全てを評価しなければならないのですか。

A. 学習評価については, 日々の授業の中で生徒の学習状況を適宜把握して指導の改善に生かすことに重点を置くことが重要です。したがって観点別学習状況の評価の記録に用いる評価については, 毎回の授業ではなく原則として単元や題材などの内容や時間のまとまりごとに, それぞれの実現状況を把握できる段階で行うなど, その場面を精選することが重要です。

Q2 「十分満足できる」状況（A）はどのように判断したらよいのですか。

A. 各教科において「十分満足できる」状況（A）と判断するのは, 評価規準に照らし, 生徒が実現している学習の状況が質的な高まりや深まりをもっていると判断される場合です。「十分満足できる」状況（A）と判断できる生徒の姿は多様に想定されるので, 学年会や教科部会等で情報を共有することが重要です。

Q3 高等学校における観点別評価の在り方で、留意すべきことは何ですか？

A. これまでも, 高等学校における学習評価では, 生徒一人一人に対して観点別評価と生徒へのフィードバックが行われてきましたが, 指導要録の参考様式に観点別学習状況の記載欄がなかったこともあり, 指導要録に観点別学習状況を記録している高等学校は13.3%にとどまっていました（平成29年度文部科学省委託調査「学習指導と学習評価に対する意識調査」より）。平成31年3月29日文部科学省初等中等教育局長通知「小学校,中学校,高等学校及び特別支援学校等における児童生徒の学習評価及び指導要録の改善等について（通知）」における観点別学習状況の評価に係る説明が充実したことと指導要録の参考様式に記載欄が設けられたことを踏まえ, 高等学校では観点別学習状況の評価を更に充実し, その質を高めることが求められます。

Q4 評定以外の学習評価についても保護者の理解を得るにはどのようにすればよいのでしょうか。

A. 保護者説明会等において, 学習評価に関する説明を行うことが効果的です。各教科等における成果や課題を明らかにする「観点別学習状況の評価」と, 教育課程全体を見渡した学習状況を把握することが可能な「評定」について, それぞれの利点や, 上級学校への入学者選抜に係る調査書のねらいや活用状況を明らかにすることは, 保護者との共通理解の下で生徒への指導を行っていくことにつながります。

Q5 障害のある生徒の学習評価について、どのようなことに配慮すべきですか。

A. 学習評価に関する基本的な考え方は, 障害のある生徒の学習評価についても変わるものではありません。このため, 障害のある生徒については, 特別支援学校等の助言または援助を活用しつつ, 個々の生徒の障害の状態等に応じた指導内容や指導方法の工夫を行い, その評価を適切に行うことが必要です。また,指導要録の通級による指導に関して記載すべき事項が個別の指導計画に記載されている場合には, その写しをもって指導要録への記入に替えることも可能としました。

文部科学省
国立教育政策研究所
National Institute for Educational Policy Research

令和元年6月
文部科学省　国立教育政策研究所教育課程研究センター
〒100-8951 東京都千代田区霞が関3丁目2番2号　TEL 03-6733-6833（代表）

「指導と評価の一体化」のための
学習評価に関する参考資料
【高等学校　芸術（音楽）】

令和3年11月12日　　初版発行
令和5年6月23日　　　3版発行

著作権所有　　　　　国立教育政策研究所
　　　　　　　　　　教育課程研究センター

発　行　者　　　　　東京都千代田区神田錦町2丁目9番1号
　　　　　　　　　　コンフォール安田ビル2階
　　　　　　　　　　株式会社　東洋館出版社
　　　　　　　　　　代表者　錦織　圭之介

印　刷　者　　　　　大阪市住之江区中加賀屋4丁目2番10号
　　　　　　　　　　岩岡印刷株式会社

発　行　所　　　　　東京都千代田区神田錦町2丁目9番1号
　　　　　　　　　　コンフォール安田ビル2階
　　　　　　　　　　株式会社　東洋館出版社
　　　　　　　　　　電話　03-6778-7278

ISBN978-4-491-04706-5　　　　定価：本体1,600円
　　　　　　　　　　　　　　　　　　（税込1,760円）税10%